AGRADECIMENTOS

Confesso-me grato:

Ao Dr. Kailash Sharma, por haver lido o manuscrito inteiro e feito valiosíssimas mudanças e correções;

Ao Sr. Vijaypat Singhania, o conhecido industrial, por haver colocado à minha disposição a sua bela casa de campo suburbana, Kamla Cottage, na Praia de Juhu, e o Departamento Fotográfico das Indústrias J.K. para a produção de algumas fotografias deste livro;

A Shri Yogendra, o eminente sábio iogue, e a Shri Jayadeva, seu distinto filho e discípulo, pela ajuda e orientação irrestritas;

A Shri B.K.S. Iyengar de Poona, o famoso iogue, que me deu as primeiras lições de Ioga;

Ao Iogue Shri Umesh Chandra, que me ofereceu a valiosa cooperação de seu brilhante filho e discípulo, o Dr. N.U. Joshi;

Ao Dr. N.U. Joshi, o belo iogue, cujas fotografias aparecem neste livro;

À Srta. Sophy Kelly, diretora da Escola de Hill Grange, em Bombaim, que me apresentou à jovem cujas fotografias enfeitam as páginas deste livro;

À Srta. Orna Herman, que, apesar de ser totalmente estranha à Ioga, e de ter participado apenas para dar aos leitores ocidentais uma sensação de auto-identificação, em vista dos erros que se esperava que cometesse ao tentar as posturas iogues, surpreendeu agradavelmente a todos executando os ásanas com perfeição, com uma ou duas exceções;

Ao Dr. D. V. Bharati, diretor, *Dharma-yuga*, por haver conseguido bondosamente os desenhos de traços;

Ao Sr. e à Sra. Herman, pelo excepcional respeito que demonstraram por este livro, permitindo que sua filha, a Srta. Herman, posasse para as fotografias;

Ao Sr. Vijay Sadanah, o amável diretor de Goel Cine Corporation, pela cortesia e eficiência ao organizar jovialmente cenários instantâneos para fotografias em prazos incomodamente curtos;

Ao Sr. Jitendra Arya, por todas as gravuras deste livro, com exceção das de n.º 15, 29 (Pose 2), e 31 (Iogue), que foram feitas pelo Sr. R.R. Bharadwaj; os meus agradecimentos aos dois eminentes artistas, pela excelente fotografia;

Ao Sr. R.M. Sharma, pela eficiência com que cuidou da mobilidade e comodidade de todos os participantes na produção das fotografias;

Ao Sr. Ligorio Rodrigues, por revelar-se o menos exasperante, o mais jovial e o mais eficiente estenógrafo com que já trabalhei até agora;

Ao governo da Índia, pela bondosa autorização que me concedeu para que eu pudesse valer-me da sua publicação *Yogic Therapy,* de Kuvalayanand e Vinekar.

SUMÁRIO

OS ÁSANAS

Gravura

INTRODUÇÃO

Você e eu

Na Índia antiga, o conhecimento era a dádiva do mestre ao discípulo. O conhecimento não se vendia e o ensino não era um negócio. Era, antes, o ato sagrado de abençoar aquele que o recebia. O Guru (mestre religioso) só esperava do discípulo que este desejasse ardentemente aprender e se aplicasse aos estudos sem lapsos e sem preguiça. O mestre e o discípulo — assim como o autor e o leitor — tinham, no Oriente, uma profunda relação emocional. O mestre preocupava-se muito com o discípulo e era, por sua vez, objeto de profunda e intensa afeição do discípulo. O único aspecto egoísta que se poderia destacar na atitude mental do mestre seria o seu desejo de sincera reverência por parte do discípulo. Em troca, queria que o discípulo o superasse — era essa a sua única recompensa.

Espero que a relação entre mim e os meus leitores seja semelhante à que existia entre mestre e discípulo na Índia antiga. Este livro pode ser curto, mas confio em que isso não seja uma indicação do seu valor. Se, depois de ler com atenção estas páginas, você encontrar e desenvolver uma base de duradoura felicidade e fruição da vida, de descontração e tranqüilidade, de aptidão e longevidade; se ele lhe incutir uma visão espiritual, mas radiosa, da existência, eu me darei por satisfeito e recompensado.

Está em você oferecer-me essa recompensa. Poderá fazê-lo lendo as páginas deste livro cuidadosamente e seguindo as suas instruções com entusiasmo e fidelidade. Não lhe será difícil acompanhar o texto. Embora eu me visse obrigado a empregar alguns termos técnicos, tanto médicos quanto iogues, procurei explicá-los meticulosamente.

O que a Ioga oferece

Qualquer um pode sofrer dor física. A dor atormenta o ignorante e o inteligente, o pobre e o rico, o homem e a mulher, o moço e o velho, o forte e o fraco. Todos necessitam da orientação contida neste livro. A soma de benefícios que você poderá colher dependerá apenas da sua determinação e da sua capacidade de vencer a inércia que talvez o impeça de iniciar as práticas descritas. O caminho se acha aberto para todos, os obstáculos não são insuperáveis, e o alívio da dor está ao seu alcance.

Depois que tiver experimentado uma sensação de bem-estar físico e mental, que lhe permita gozar plenamente a vida, você não precisará de novos estímulos para prosseguir numa rotina saudável. Por uma judiciosa e científica mobilização dos extensos e inexplorados recursos internos do seu próprio corpo, e sem ajudas externas ou qualquer tipo de drogas, você poderá libertar-se da dor e da tensão que o afligem.

É isso que a Ioga lhe oferece. E como você verá por si mesmo, não se trata de uma afirmativa exagerada.

É preciso ter em mente que a firmeza e a força de espírito estão intimamente ligadas ao bom estado do corpo. Em nenhuma outra técnica se encontrará tão eficazmente demonstrada a interdependência do corpo e do espírito. Como libertadora do corpo e da mente do homem, a Ioga é incomparável.

Exposição dos princípios da Ioga

Conquanto o seu principal objetivo ao estudar este livro seja aprender as práticas que podem libertá-lo das suas dores, rigidezas e tensões, a adquirir a tranqüilidade e a firmeza naturais da mente através do conhecimento e da prática da Ioga, tenho a certeza de que muitos desejarão saber como funciona o mecanismo capaz de atingir essa finalidade. Os que considerarem desnecessário o estudo dos aspectos teóricos da maneira iogue de encarar a saúde e aceitarem como adequada às suas necessidades a orientação prática, poderão saltar esta seção do livro.

Na explicação que se segue não me será possível evitar o emprego de algumas palavras técnicas, necessárias para explicar como a postura física influi na atitude mental.

Para os que desejam compreender o mecanismo da prática da Ioga responderei à pergunta: "Como poderão algumas contorções e posições do corpo mudar para melhor as atitudes do espírito?"

De um modo geral, vocês todos devem saber que o sistema nervoso se divide, aproximadamente, em componentes sensitivos e motores. Os nervos sensitivos são os que conduzem impulsos ao cérebro, e os motores levam os impulsos do cérebro de volta aos músculos e aos vários órgãos. O sistema sensitivo é servido por dois tipos de receptores, exteroceptivos e interoceptivos. Os exteroceptivos, como o próprio nome o está dizendo, recebem estímulos do mundo que nos cerca e que se apresentam aos nossos olhos, ouvidos, nariz, boca, pele e membranas mucosas. Com a ajuda deles reconhecemos o toque, a temperatura, o gosto, o cheiro e a dor, e somos capazes de ver e ouvir.

Os interoceptores estão situados nos estratos mais profundos — músculos, tendões, juntas, vísceras (vários órgãos do corpo), vasos sangüíneos, ouvido interno, etc. Fornecem constantemente aos centros cerebrais inferiores informações sobre as posições das várias partes do corpo relativas umas às outras, e sobre o estado de tensão de músculos e tendões.

O sistema neuromuscular ou motor tem uma natureza dupla — fásica e tônica. Desses dois, o componente fásico é o mais óbvio e o mais facilmente observável. Os movimentos dos globos oculares, a oscilação dos braços, ou o movimento das pernas quando andamos são reações fásicas. Mas é a reação tônica que, além de formar o substrato da reação fásica, a sustenta ou inibe. O mecanismo interoceptivo-tônico não invade o consciente. Em geral, os impulsos exteroceptivos provocam reações fásicas (que estão passando) enquanto que os impulsos interoceptivos regulam as reações tônicas. É importante lembrar que o movimento fásico é momentâneo e envolve um grupo de músculos, ao passo que o mecanismo interoceptivo-tônico, contínuo e difuso, proporciona a todo momento os meios que possibilitam os movimentos fásicos.

Mas o tônus muscular é apenas parte de um conjunto muito maior. A totalidade do fenômeno integrado chama-se, em psicologia fisiológica moderna, o "substrato postural". A palavra "postural" denota aqui um substrato amplo (neuro-músculo-glandular) que influi em todas as ações do nosso corpo, por mais triviais ou momentâneas que sejam.

O papel da tensão visceral e da secreção glandular ainda não está muito claro. Sabemos, entretanto, que a soma total de todas essas tensões específicas fornece ao organismo um substrato contínuo e, em condições ideais, homogêneo, que influencia todos os movimentos e reações do corpo, tanto externos quanto internos.

É evidente que o "substrato postural" num organismo normal está, e tem de estar, num estado continuamente dinâmico e fluido, variando com as exigências feitas ao corpo e ao espírito, a fim de proporcionar um pano de fundo ideal para qualquer ação que se pretenda executar. O que já é menos evidente é que a elasticidade desse "substrato" extremamente maleável, em condições de tensão e de moléstia, pode ser esticado até o limite. Isso conduz à desintegração.

A Ioga ensina que, atacando o substrato postural anormal e recondicionando-o para devolver-lhe a condição anterior, adaptável e dinâmica, é possível obter-se uma modificação do estado emocional, que acarreta a tranqüilidade mental.

Na realidade, sendo prolongada, a maioria das tensões que causam esse tipo de desarranjo físico-psicológico necessita de um longo período de tratamento. Isso é finalmente realizado pela "Dhyana", ou meditação em nível espiritual, mas o ataque imediato se inicia no nível físico, pelos "ásanas" (posturas iogues) e pelo "pranaiama" (cultura da respiração vital).

Os ásanas (posturas iogues) e as dores nas costas "Lubrificando" a máquina psicossomática

Traduzida literalmente, a palavra ásanas significa "posturas". Mas os ásanas são mais do que isso, como vocês verão quando descobrirem que a Ioga sempre associa a mente ao corpo. Os por quês e os comos pormenorizados de todos os ásanas fogem ao âmbito deste livro. *Gheranda Sambita,* um antigo compêndio, cita, literalmente, milhares de ásanas ou posturas iogues!

É preciso, entretanto, passar em revista e explicar alguns pontos salientes dessas posturas. Já mostrei que o tônus muscular é controlado e modificado pela interação de impulsos sensitivos de várias partes do corpo e dos centros nervosos superiores; que o músculo, normalmente flexível, elástico e dócil, pode ser deformado e enrijecido por uma psique perturbada, do que resulta uma contínua falta de equilíbrio do corpo e da mente, e que a Ioga concorre para restaurar esse equilíbrio.

Isso não quer dizer que a prática da Ioga se destina exclusivamente a beneficiar os portadores de desequilíbrios psicológicos. Embora, sem dúvida, ela seja eficaz no caso de pessoas nessas condições, aqui nos interessa o aspecto da Ioga como "lubrificante" das várias partes do corpo e da mente, assegurando um funcionamento suave e um trabalho eficiente da máquina psicossomática.

O homem pagou pela aquisição de uma postura erecta um preço elevado: a predisposição cada vez maior para as dores nas costas. A vida sedentária e o resultante aumento da obesidade provocam a frouxidão da musculatura do corpo, sobretudo da parte de sustentação, que tornou as dores nas costas tão comuns quanto o resfriado comum.

Homem ou mulher, você poderá avaliar por si mesmo os tremendos benefícios que conseguirá obter da Ioga com um esforço relativamente pequeno.

O ponto mais importante que é preciso compreender antes de começar a prática da Ioga é que os ásanas não são simples exercícios, mas modelos sistemáticos, constantes, de postura. Neles não se admitem movimentos convulsivos, e até em alguns ásanas dinâmicos o movimento tem de ser lento, espontâneo, uniforme. O sistema neuromuscular se compõe de tal forma que para cada grupo de músculos que se contraem, outro grupo de músculos se relaxa. Em estados de tensão, essa inervação recíproca torna-se deficiente. Por sua própria natureza, os ásanas reorganizam e recondicionam o sistema, a fim de estabelecer a harmonia fisiológica entre ambos.

De acordo com os clássicos, o objetivo dos ásanas é proporcionar estabilidade e bem-estar. Para consegui-lo, cumpre que o ásana seja executado sem qualquer controle consciente, de modo que, enquanto o corpo se acha numa determinada pose, o espírito está livre para a contemplação. Isso não é fácil. Procurarei elucidá-lo melhor.

Se você observar uma criancinha procurando dar os primeiros passos, verificará que todo o seu ser se concentra na execução da ação de colocar um pé adiante do outro. Até uma momentânea interrupção da concentração a fará cair e procurar agarrar-se ao apoio mais próximo. Agora, compare essa situação com a facilidade isenta de esforço com que você anda ou fica em pé. Nada disso requer reflexões conscientes nem concentração, e você pode conversar ou exercer qualquer outra atividade sem correr o risco de cair. É essa espécie de condicionamento que o seu sistema precisa sofrer para que você se torne proficiente na execução dos ásanas.

A princípio, terá de fazer um esforço deliberado. Gradativamente, porém, com a prática continuada, o seu corpo responderá e desenvolverá uma flexibilidade e uma liberdade de movimentos que nunca lhe pareceram possíveis. É claro que há pessoas incapazes de conseguir uma postura perfeita. Deixemo-las executarem imperfeitamente os ásanas; mesmo assim elas receberão consideráveis benefícios da sua prática. Você não deve ficar desacorçoado só porque não pode repetir as contorções do seu mestre de Ioga. Enquanto o esforço é feito sistematicamente e se consegue a máxima mobilidade possível, os benefícios da Ioga se revelarão de imenso valor. Em nenhuma fase você deverá ir além de uma ligeira sensação de dor (ainda que brandamente agradável). Um esforço demasiado vigoroso poderá resultar em dano e na negação do bem já obtido.

Pranaiama — A cultura da respiração iogue
Alimentador pulmonar e aspirador de pó

Você pode sobrecarregar o estômago de alimentos muito temperados e prejudicar a saúde. Mas não pode sobrecarregar os pulmões de ar puro, carregado de oxigênio. Todavia, quanto maior a quantidade de oxigênio que introduzir nos seus pulmões, tanto maiores benefícios colherá. Existe um limite natural para a aspiração, que automaticamente nos protege contra os excessos. Mas não existe mecanismo que limite as demasias no comer e no beber.

O ar que se respira é mais essencial à vida do que o alimento que se ingere. Sem alimento você poderá viver durante dias e semanas, talvez meses. Mas, sem ar, a vida cessa em pouco minutos, ou segundos. Portanto, ninguém fala em saúde hoje em dia sem exaltar as virtudes da respiração profunda.

A respiração, como todas as outras funções vitais do corpo, é controlada num nível subconsciente. Só temos consciência dela quando o processo se torna doloroso, em virtude de alguma doença nos pulmões, na pleura, na parede toráxica, ou quando ela sofre a influência de outros órgãos doentes. O fato de que, na maior parte das vezes, a respiração se ajusta às necessidades do corpo não subentende, necessariamente, que está sendo realizada com o máximo de eficiência. O homem moderno que não faz exercícios suficientes, cujo peso é levemente superior ao peso ideal, que carece de um tônus muscular apropriado e tem uma postura defeituosa, muito provavelmente respira mal e é, por isso mesmo, candidato a moléstias do aparelho respiratório e a uma redução geral da sua eficiência, tanto física quanto mental.

Definamos primeiro a respiração. Em termos leigos, é o processo pelo qual se introduz oxigênio no corpo (inspiração) e se expele gás carbônico — produto de vários processos de oxidação efetuados no corpo — (expiração). Nenhuma célula do corpo humano pode viver sem oxigênio. Como a maioria dos processos de oxidação é levada a cabo num nível subcelular, a célula — unidade básica da estrutura do nosso corpo — é quem mais sofre a falta de oxigênio. E como a dependência do oxigênio em que se encontram as células varia de acordo com o seu grau de especialização, o sistema nervoso é o primeiro a ser afetado, e de modo mais agudo, antes que a falta se manifeste em outras partes do corpo.

Já mencionei o tipo de pessoas com maiores probabilidades de ter um controle respiratório defeituoso — isto é, os obesos e os que apresentam deficiências de postura e de tônus muscular. Os obesos têm a desvantagem da reduzida excursão do seu diafragma, e o mesmo acontece com aqueles cuja postura e cujo tônus muscular são deficientes. A contração do diafragma, juntamente com a dos músculos da parede do tórax aumenta o volume da cavidade toráxica e permite a plena expansão dos pulmões e a entrada do ar. É claro que a respiração de uma pessoa de postura defeituosa melhorará automaticamente com os exercícios que ela fizer para ajudar a remediar o defeito, assim como o aperfeiçoamento da técnica de respirar melhorará, até certo ponto, a postura e o tônus muscular. Cumpre não esquecer, entretanto, que os exercícios respiratórios e posturais precisam completar-se reciprocamente. Para se obter os maiores benefícios é necessário que ambos sejam praticados ao mesmo tempo.

Sem entrar na fisiologia da respiração, que é assunto altamente técnico e fora do âmbito deste livro, podemos descrever o processo respiratório da seguinte maneira: uma respiração profunda areja todas as partes dos pulmões; criando uma pressão intratoráxica negativa, age como bomba de sucção e atrai maior quantidade de sangue venoso para ser posto em circulação pelo coração. Em virtude do aumento da capacidade pulmonar, aumenta a quantidade do sangue nos pulmões e, estando o sangue em contato com as áreas ventiladas do pulmão, ocorre uma troca mais completa de gases. A oxigenação adequada do sangue assegura um bom suprimento desse artigo essencial aos tecidos do corpo. A expiração profunda esvazia os pulmões, expelindo a máxima quantidade de gás carbônico. E como a inspiração seguinte começa com os pulmões esvaziados ao máximo, é automaticamente mais profunda, iniciando assim um ciclo que assegura a total eficiência da unidade cardiorrespiratória.

Poucos cientistas modernos têm idéia do método de respiração profunda prescrito pela Ioga. Geralmente, respiração profunda significa apenas respirar fundo — isto é, fazer profundas inalações, seguidas de exalações igualmente profundas. Essa respiração só difere da respiração normal pelo maior volume de ar inalado e exalado. É, sem dúvida, mais vantajosa para o corpo do que a respiração normal média, mas a respiração iogue é um aperfeiçoamento da respiração profunda.

A respiração profunda se compõe de duas unidades: inalação e exalação. Mas a respiração iogue (pranaiâmica) se compõe de quatro:

1. Puraka (literalmente, aquilo que enche — isto é, a inalação),

2. Kumbhaka (literalmente, estado firme de plena distensão dos pulmões),

3. Rechaka (literalmente, aquilo que expele — isto é, a exalação), e

4. Shunyaka (literalmente, estado de vazio).

O processo é fácil de seguir. Em primeiro lugar, uma respiração lenta e profunda expande os pulmões, trazendo o máximo suprimento de ar carregado de oxigênio para os espaços de ar. A segunda fase consiste em reter a respiração, mantendo, por conseguinte, os espaços de ar em estado de expansão durante muito mais tempo que de costume. Essa pausa cobre um intervalo pelo menos duas vezes mais longo que o tempo levado pela inalação precedente. A exalação também deve ser lenta e profunda, para produzir a máxima contração dos espaços de ar, de modo que a maior quantidade possível de ar carregado de gás carbônico é espremida para fora dos pulmões. A quarta fase, a final, consiste na manutenção do estado de máximo vazio nos espaços de ar, conseguido depois da longa e profunda exalação. Manter o ar fora dos pulmões durante um breve período é tão importante na respiração iogue quanto reter o ar depois de uma inalação profunda.

Diferentes escolas de Ioga prescrevem diferentes períodos de tempo para as quatro unidades na prática. De acordo com o ponto de vista da maioria, a relação entre as diversas durações das três primeiras unidades — isto é, Puraka, Kumbhaka e Rechaka, seria de 1: 4: 2. Isso é um tanto drástico para os iogues não profissionais. Para os principiantes, a relação que se propõe é de 1: 2: 1. Eles podem ir aumentando gradualmente a Kumbhaka de modo que acabarão precisando apenas da metade do tempo para a Rechaka.

Aconselho o leitor a conservar a relação de 1: 2: 1: 1 entre a Puraka, a Kumbhaka, a Rechaka e a Shunyaka, respectivamente, em que 1 representa qualquer coisa entre 4 e 10 segundos, de acordo com a capacidade e a conveniência de cada um. Cada respiração deve ser lenta, contínua e profunda.

A respiração iogue tonifica e recondiciona as vísceras intratoráxicas e intra-abdominais (coração, pulmões, fígado, estômago, cólon, etc.), os músculos e os sistemas vasculares linfático e sangüíneo. O seu efeito sobre os nervos, o cérebro e a mente, como tônico, sedativo e tranqüilizante, é notável. Melhora substancialmente o índice de longevidade. Todos esses benefícios exercem influência benéfica sobre a saúde da espinha.

Ioga e dieta

É natural que você queira manter-se física e mentalmente sadio. A dieta correta é o principal arquiteto da sanidade da sua mente e do seu corpo. Se o seu estômago estiver empachado ou inflamado, se os seus intestinos estiverem sujos e cheios de venenos, resultantes da estase ou de uma peristalse deficiente, você terá não somente um corpo indolente, mas também um cérebro toldado e confuso. Um intestino limpo e saudável é um grande fator de saúde para todo o corpo, incluindo as vísceras que não estão diretamente ligadas aos processos da digestão e eliminação. O simples cuidado da sua dieta lhe proporcionará esse resultado, tornando qualquer medicação completamente desnecessária.

Deixe que a salubridade dos alimentos, e não o seu gosto nem a sua aparência decorativa, o oriente na escolha do que vai comer. Se você tiver hábitos saudáveis — isto é, se não comer com muita freqüência nem comer em demasia poderá fazer uma extravagância de vez em quando.

Passar fome não é bom para a saúde, nem mesmo que se faça isso de propósito, para perder peso. Você conseguirá o mesmo resultado, sem sentir as agruras da fome, combinando judiciosamente uma dieta segura e nutritiva com leves exercícios iogues. Não há exagero nenhum em dizer-se que uma boa dieta e a Ioga poderão fazê-lo sentir-se mais saudável aos oitenta anos do que poderia ter-se sentido aos dezoito.

Instinto e apetite *versus* tabelas e quadros

A natureza começou muito mais cedo a modelar e aperfeiçoar o mecanismo do seu apetite do que os nutricionistas começaram a elaborar as suas tabelas de alimentos.

Você já sabe que a Ioga desempenha importante papel na conservação da sanidade e da eficiência do cérebro e de todo o sistema nervoso. Talvez estivesse esperando que, neste contexto, eu falasse primeiro do estômago, e não do cérebro. Acontece, porém, que estão situados no cérebro os centros encarregados de controlar e dirigir o sistema sensitivo do seu corpo, que determina o seu consumo de alimentos.

Você já está familiarizado com as tabelas e quadros alimentares em que se especificam as necessidades de energia ou calorias dos vários grupos de idade masculinos e femininos, e as quantidades de proteínas, hidratos de carbono e gorduras fornecidos pelos vários itens alimentares, com os respectivos valores calóricos. Essas tabelas devem ser tratadas com respeito, mas só são úteis até certo ponto. Você pode substituí-las com segurança pelos estalões notavelmente precisos do seu instinto e do seu apetite, que poderão revelar-se até mais dignos de confiança e mais úteis do que as rígidas cifras das tabelas.

Isso também é exato em relação às tabelas que indicam as relações ideais entre idade e peso. As tabelas prescrevem as calorias, as horas de sono, o peso, a altura e até as medidas da cintura para as diferentes idades. Como não existe um modelo universalmente aplicável, não há necessidade de que o indivíduo preocupado com a sua saúde fique cismando se está ou não está dentro das normas especificadas nas tabelas. A dieta difere de indivíduo para indivíduo, de profissão para profissão, de circunstância para circunstância, e até de estado de espírito para estado de espírito.

As tabelas não levam em conta os estados de espírito. Um homem encolerizado ou entristecido pode não ter vontade de enfiar na boca um pedaço sequer de comida. Entre amigos ou pessoas de que ele gosta, talvez coma o dobro da quantidade que ingere normalmente, sem perceber que comeu demais e sem experimentar qualquer incômodo físico. Pode até digerir melhor a quantidade maior do que a menor, se esta for engolida sem vontade, num estado de depressão.

Os principais artigos da dieta que fornecem energia ao seu corpo são os hidratos de carbono, as proteínas e as gorduras. As calorias que esses componentes alimentares proporcionam ao seu corpo são:

hidratos de carbono	(1 gm)	4 calorias
proteínas	(1 gm)	4 calorias
gorduras	(1 gm)	9 calorias

As necessidades diárias geralmente aceitas de calorias do homem médio moderadamente ativo, cujo trabalho não é demasiado leve nem demasiado pesado, são de 3 000 no Reino Unido, de 3 200 nos Estados Unidos e de 2 800 na Índia. Falando de um modo geral, esses três grupos representam a maioria das necessidades físicas dos diferentes povos do mundo. As exigências calóricas das mulheres podem ser calculadas deduzindo-se 500 calorias da soma que cabe ao homem em circunstâncias semelhantes. As necessidades diárias do homem podem reduzir-se a 1 500 quando não está trabalhando ou está descansando, e elevar-se a 5 000 quando está executando um trabalho extremamente pesado. Elas seriam proporcionalmente menores em se tratando de mulheres.

Tanto na Ioga quanto na Aiurveda, o individualismo é mais importante do que a generalização. As suas reações à comida e aos fatores associados, como a companhia, o ambiente, etc., são exclusivamente suas; e o proveito que você tira dos alimentos que ingere também é altamente individual. Daí que o instinto e o apetite tenham precedência sobre as rígidas e inflexíveis tabelas alimentares quando você está praticando a Ioga.

A essência da Ioga é a não dependência de ajudas externas, incluindo as tabelas alimentares. Os benefícios para o corpo e para a mente são conseguidos exclusivamente através da exploração dos seus recursos internos. Nisso reside o principal mérito da Ioga. Assim como estão dentro de você mesmo os meios que lhe permitem libertar-se da rigidez, das dores e dos sofrimentos, das ansiedades neuróticas e das depressões e excitações mórbidas, assim também os meios para regular a ingestão de alimentos da maneira que melhor lhe aproveitem fazem parte integrante do seu organismo.

Uma advertência

Um médico moderno que leu esta exposição com muito interesse, cuja perspicácia e habilidade clínicas — e cuja integridade profissional e moral — considero incontestáveis, pôs seriamente em dúvida a minha prudência ao deixar o leitor sozinho e indefeso nas mãos do seu instinto e do seu apetite. Entendia ele que eu estava assumindo um grave risco dando-lhe plena liberdade em relação ao seu apetite. Na opinião dele, o enfoque iogue se adequa às pessoas disciplinadas que estão praticando a Ioga seriamente. Mas no caso do homem ou da mulher ocidentais comuns, talvez levasse a demasias e desregramentos no comer.

Isso nos traz de volta ao princípio deste livro e ao que se disse sob a epígrafe "Você e eu", em que me referi aos laços existentes entre o mestre e o discípulo. Eu me identificara tão completamente com o leitor e com o seu bem-estar, que a possibilidade de que viesse a abusar da minha confiança ao aconselhá-lo a deixar-se guiar pelo seu apetite natural só me ocorreu depois que o médico chamou para ela a minha atenção. Insisto com você para que tome em consideração a advertência do doutor. Entretanto, ainda estou inclinado a confiar em que você saberá disciplinar-se e não trairá os melhores interesses da sua saúde.

Você é um adulto inteligente. O fato de estar, agora, lendo este livro é uma prova de que o desejo de aprimorar-se já começou a orientar as suas atividades. Você descobrirá que é fácil refinar e controlar o apetite, transformando-o no guia mais digno de confiança da sua dieta.

Coloco, portanto, o assunto em suas mãos, fiado de que você desmentirá os temores do médico e realizará a minha esperança de conseguir o aperfeiçoamento que deseja, não só na forma do corpo, mas também na disciplina do espírito. A perfeição do físico nunca é tão bela como quando corre parelhas com a perfeição da mente.

A sua alimentação

Você gasta energia o tempo todo, não só quando trabalha ou pensa, mas também enquanto descansa ou dorme. Certo número de órgãos — o coração, os pulmões, os rins, etc. — nunca descansam, e necessitam de um contínuo suprimento de energia para exercer as suas funções. Você é obrigado a gastar energia (*a*) promovendo e mantendo as atividades normais dos órgãos internos (*b*) mantendo a temperatura do corpo, e (*c*) sustentando as atividades físicas externas do corpo. Também precisa de energia para (*d*) a conversão dos alimentos em novas substâncias químicas no interior do corpo. Toda essa energia provém dos alimentos que come.

A Ioga, através dos séculos, esteve estreitamente associada ao lactovegetarianismo, dando uma ênfase especial à dieta vegetariana não estimulante. Os que puderem adotar uma dieta puramente lactovegetariana, verão que ela é rica em proteínas (leite, queijo, coalhada, nozes, soja, legumes e muitos cereais e vegetais), em hidratos de carbono (farinhas, arroz, batatas) e gorduras (manteiga, leite de coco, óleos vegetais, etc.).

Os que não podem ou não querem deixar de comer carne, devem procurar restringir-se a carnes magras, frangos e peixes, comidos moderadamente duas ou três vezes por semana, no máximo. Mesmo nesses dias, a carne só deve ser ingerida numa refeição. Este é um enfoque ideal da dieta enquanto você estiver praticando a Ioga. Ele lhe permitirá colher os maiores benefícios da sua prática. Isso não quer dizer, entretanto, que, se estiver acostumado a comer grandes quantidades de carne todos os dias, você não pode praticar Ioga. Pode, sim. A Ioga lhe trará benefícios assim mesmo, embora os proveitos resultantes sejam menores do que o seriam se você fosse um lactovegetariano, ou quase.

A crença de que os alimentos vegetais só proporcionam hidratos de carbono e gorduras e são carentes de proteínas é errônea. Eles são também fontes excelentes e vitais de proteínas, minerais e vitaminas, mesmo quando não completados com a ingestão de leite. Adicionada ao leite, a dieta vegetal passa a ser uma alimentação ideal, que proporciona não só vigor e eficiência, mas também a longevidade associada a uma alta resistência física e à tranqüilidade de espírito.

O jantar é quase sempre a refeição mais pesada do dia, e toda a noite é reservada à sua digestão. O desjejum e o almoço são refeições relativamente menos pesadas e uma delas deve ser mais leve do que a outra — isto é, 60% da refeição completa.

Tendo em mente o que fica dito, você poderá organizar a sua dieta de acordo com o modelo seguinte:

1. ANTES DE LEVANTAR-SE

Comece a sua manhã com qualquer uma das bebidas enumeradas em seguida, em ordem de preferência:

Água quente, com 1 colher de chá de suco de limão fresco (1 xícara).

Água quente, com 1 colher de chá de mel e 1 colher de chá de suco de limão fresco (1 xícara).

Suco de laranja fresca ou suco de pomelo fresco à temperatura ambiente (1 ou 2 xícaras).

Água quente apenas (1 ou 2 xícaras).

Chá quente, com 1 colher de chá de suco de limão (1 xícara).

Chá quente, com 1 colher de chá de mel, com ou sem 1 colher de chá de suco de limão (1 xícara).

Chá quente, com um pingo de leite e açúcar a gosto.

Se você estiver acostumado a beber um copo de água pura de manhã cedo, logo depois de levantar-se, persista nesse hábito, que é muito bom.

2. DESJEJUM

Vegetarianos

Cereais: escolha o seu cereal e coma-o da forma que mais lhe agradar. Manteiga, mel, marmelada, geléia, etc. O mel é preferível à marmelada ou à geléia.

Fruta fresca ou cozida. As frutas frescas ou cozidas são preferíveis às enlatadas ou em conserva.

Leite, leite desnatado ou iogurte.

Não vegetarianos

Omelete, ou ovos cozidos, quentes ou estrelados; toicinho, fígado ou peixe. Chá ou café, com leite e açúcar a gosto, se assim o quiser.

3. ALMOÇO E JANTAR

Vegetarianos

Sopa (qualquer vegetal).

Pão integral (pão branco para os dispépticos), cereais bem cozidos, arroz integral, ou quaisquer outras preparações de cereais não fritas e sem muita gordura, com leite, creme, manteiga, queijo, requeijão ou mel.

Manteiga ou óleo podem ser usados para ligeiras aplicações em chapatis (pão ázimo comum na Índia) e para cozinhar.

Batatas ou batatas doces, na grelha, ao vapor ou cozidas.

Salada de vegetais crus.

Doces — salada de frutas, doces de leite, pudins leves de leite com cenouras raladas, abóbora branca (Lagenaria vulgaris seringe) ou moranga branca (Benincasa cerifera, Savi).

Frutas frescas e nozes.

Remate com uma xícara de leite, leite desnatado, ambos de preferência quentes. Isto pode ser omitido.

Se tiver sede, tome água durante as refeições. Os que não bebem durante as refeições devem tomá-la meia hora ou uma hora depois.

Não se recomendam chá nem café, mas se você tiver muita vontade de tomá-los, não faça cerimônia: tome-os.

Não vegetarianos

Os não vegetarianos poderão substituir alguns dos alimentos acima mencionados por

Sopa (de carne ou de galinha)
Um prato de carne (carne, frango, caça)
Um prato de peixe
Gemada com frutas ou omelete doce.
Chá ou café, se desejar.

4. REFEIÇÕES LIGEIRAS À TARDE

Vegetarianos

1 ou 2 sanduíches de vegetais ou de queijo, de preferência 1. Um pedaço de bolo, ou biscoitos (2 a 4). Uma xícara de leite desnatado, chá fraco ou café com leite e açúcar, se desejar.

Não vegetarianos

Seria melhor adotar a refeição ligeira dos vegetarianos. Mas se você gostar muito de sanduíche de carne, ovos ou peixe nessa hora, suprima o prato de carne ao almoço.

Palpites úteis

Pare de comer às primeiras sensações de estômago cheio.

Coma uma maçã, uma laranja, uma banana, um biscoito ou uma xícara de suco de frutas ou leite desnatado se sentir muita fome e a refeição seguinte ainda demorar um pouco.

Aprenda a sentir, de maneira correta e sadia, as necessidades de alimentos do seu corpo. Se começar a engordar, reduza de 10 a 25% a quantidade de comida. Se emagrecer sem o querer, aumente o teor de hidratos de carbono e gorduras da sua dieta — isto é, açúcar, batatas, pão, manteiga, etc. nas refeições. Se qualquer uma dessas condições persistir, não hesite em procurar o médico.

As bebidas alcoólicas não se coadunam com o estilo de vida iogue e, por conseguinte, foram omitidas.

Dores na espinha

As dores que nascem de lesões, infecções (como a tuberculose), e tumores, quando envolvem a espinha, requerem a atenção de um especialista. Você não deve praticar a Ioga nesses casos. Mas não suspenda os exercícios de respiração profunda, a menos que alguma moléstia lhe torne muito dolorosa a plena expansão do tórax. Entretanto, como a Ioga promove a restauração dos tecidos e como se acredita que os danos causados a eles são um efeito comum de estímulos dolorosos, ela diminui os prejuízos causados aos tecidos, dando mais saúde e eficiência aos nervos e ao sistema sangüíneo.

A expressão "dores na espinha", ou nas costas, abrange um número inusitadamente grande de moléstias diferentes, que vão desde o câncer até o simples cansaço, ou mesmo o desinteresse pelo trabalho, se isso pode ser chamado de moléstia. Trata-se, sem dúvida, de uma das causas mais comuns de dores. As pessoas de ambos os sexos, de todas as idades a partir da adolescência, e de todas as condições, sentem essas dores, que continuam a atormentá-las até que mudam de profissão ou modificam a sua atitude em relação ao trabalho. Acentuando o tônus dos tecidos doloridos, a Ioga contribui para o desenvolvimento de uma atitude madura em relação ao cumprimento das próprias obrigações.

Depois que o câncer ou a tuberculose erodiram parte da espinha, a Ioga, no nível em que você e eu podemos praticá-la, já não pode fazer nada para aliviar a dor. Outras situações em que a Ioga não substitui o especialista são as deslocações, fraturas, a saliência acentuada do disco intervertebral (as pequenas protrusões cedem aos exercícios iogues), a pressão de um tumor do reto ou da bexiga, que provoca dores reflexas nas costas, e curvaturas pronunciadas da espinha (escoliose, cifose e lordose — isto é, curvaturas laterais e anteroposteriores). Sob a orientação de uma pessoa competente, podem colher-se da Ioga benefícios suplementares, e se o incômodo não for grande nem maligno, a Ioga proporcionará proveitos consideráveis.

Antes de tratar dos tipos de dores nas costas que respondem favoravelmente à terapêutica pela Ioga, quero fazer uma rápida referência a certas condições em que a causa das dores na espinha reside fora da área espinhal.

A colite, a dispepsia, as inflamações do apêndice e da vesícula biliar, a úlcera gástrica ou duodenal, o enfarte cardíaco e tumores malignos abdominais podem causar a dor a que nos referimos na região lombar da espinha de certos indivíduos. Nesses casos, a Ioga revela-se valioso ajutório do tratamento específico. Pode até atenuar alguns males — como, por exemplo, a colite mucosa e a dispepsia, talvez com maior eficácia do que a própria medicação, embora o paciente tenha recorrido principalmente a ela para aliviar a dor nas costas. A invaginação também causa dores lombares, peculiares a algumas mulheres. Essas dores ocorrem quando as fezes são obstruídas pela invaginação da membrana mucosa da parte superior do reto na parte inferior. Nas fases iniciais, as posturas e a respiração iogues são valiosas. Em fases mais adiantadas, faz-se necessária uma intervenção cirúrgica.

As mulheres também podem sentir dores nas costas em resultado de uma leucorréia, de uma úlcera cervical, da retroversão ou do prolapso do útero, de inflamações dos órgãos urogenitais internos, da congestão pélvica e da insatisfação sexual. Todas essas condições exigem atenção médica, mas a Ioga também pode ser útil.

A inflamação das terminações nervosas (como, por exemplo, a nevrite periférica) também abaixa o limiar da dor. A Ioga ajuda, mas é de toda conveniência que se procure e corrija o substrato causal dessas manifestações.

As dores nas costas causadas por febres, como a malária e a gripe, são fáceis de identificar e geralmente desaparecem com as febres, ou logo depois.

As pessoas mais idosas podem sofrer de dores nas costas provocadas pela degenerescência ou pela inflamação dos ossos (osteomalacia, osteíte, osteoporose senil e pós-menopáusica, e osteoartrite). Entre essas afecções, a osteoartrite, sobretudo quando não está muito adiantada, embora seja extremamente dolorosa, responde bem à terapêutica iogue.

Mas você verá que a Ioga é o seu melhor amigo e o seu maior alívio no abrandamento das dores comuns, que constituem o grosso desses achaques, sobretudo as "reumáticas". Estas podem ser causadas por resfriamentos, correntes de ar, súbita exposição ao frio depois de estar suando, por haver levantado algum peso, por haver dormido em má posição, por um esforço muscular, por posturas defeituosas, por fadiga crônica, pela redução da tolerância aos exercícios, por deformidades que desequilibram o esforço físico (como, por exemplo, a diferença de comprimento das pernas), pelo uso excessivo dos músculos das costas (escrevendo a máquina, escrevendo, costurando, jardinando, cavalgando, varrendo e encerrando assoalhos, cuidando de crianças, etc.), quando os exames negativos de laboratório não revelam nenhuma causa conhecida dessas dores.

Ioga e sexo

O seu corpo tem muitos membros e órgãos que se inutilizam e atrofiam progressivamente pelo desuso total e prolongado. Isso não se aplica ao sexo. A faculdade sexual não precisa ser exercitada regularmente para manter-se em estado de eficiência normal.

Entretanto, pode dizer-se que a saúde da espinha e dos nervos e de outros tecidos associados a eles tem íntima relação com a saúde dos órgãos urogenitais e do impulso sexual.

Este livro trata de Ioga, que advoga o celibato; mas a Ioga é uma associada da Aiurveda, que estende a definição de continência a uma vida de moderação e não a restringe, como outras disciplinas, ao celibato total.

Ao mesmo tempo que examinam os sintomas provenientes da supressão de impulsos normais (como, por exemplo, o impulso de desonerar o ventre, de espirrar, de dormir, de comer, etc.), os textos aiurvédicos também mencionam os efeitos indesejáveis da indevida supressão do impulso sexual. Esse ponto de vista pragmático não reputa desejável a supressão do impulso sexual. Ao mesmo tempo, não rejeita o objetivo iogue mais elevado — a sublimação do impulso sexual — e exalta-o com eloqüência. O enfoque aiurvédico-iogue, em relação ao homem comum, favorece uma alternativa mediana, moderada. Mas a moderação pode ser interpretada diferentemente por pessoas diferentes; o que é moderado para um pode ser imoderado ou inadequado para outro. A prática da Ioga produz um efeito notável: soluciona esse problema eficiente e imperceptivelmente, nivelando os impulsos excessivos e recessivos e transformando-os, assim, no que pode ser considerado um impulso normal.

A contribuição da Ioga para a eficiência sexual é substancial. Através da Ioga se renova e tonifica consideravelmente a faculdade, e torna-se muito mais duradoura. É possível que muita gente não tenha consciência de que, se o corpo e a mente forem normais, livres de inibições, ansiedades, temores e complexos de inferioridade ou de culpa, o desejo sexual não "se enfraquece", nem se converte em mania ou coisa parecida. Esta, na maior parte das vezes, é um estado psíquico que mantém a mente continuamente preocupada com o sexo. Saciado, o impulso sexual sadio é como o apetite sadio — ajusta-se a si mesmo, manifesta-se nos intervalos certos, apazigua e satisfaz.

Não há melhor maneira de encarar a normalidade e a eficiência sexuais do que não pensar nelas e deixar que a natureza siga o seu curso. A fórmula é simples — sempre que houver um desejo genuíno a perturbar-lhe a mente e o corpo, não o suprima. Se o desejo não existir, não tente despertá-lo artificialmente.

Os ásanas aqui descritos foram escolhidos com o objetivo fundamental de aliviar as suas dores na espinha. Mas, como já ficou dito, não é possível restringir os benefícios da Ioga a um determinado órgão. Quase todos os ásanas contribuem para a saúde e para a estabilidade de inúmeros tecidos e órgãos. Assim, concorrerão naturalmente para a manutenção de um impulso sexual sadio.

OS ÁSANAS

Instruções gerais

1. Acorde antes do nascer do sol.

2. Evite a prisão de ventre. Acostume os intestinos a trabalhar regularmente por meio de uma pontualidade meticulosa e de uma dieta correta. Depois que tiver começado a praticar a Ioga, você ficará automaticamente livre da prisão de ventre.

3. Desonere o ventre antes de praticar os exercícios e a respiração iogues. A Ioga pratica-se melhor com os intestinos limpos e o estômago vazio.

4. Tome um banho quente, ou frio, antes de iniciar os exercícios. Pode tomar um banho quente imediatamente depois, mas o banho frio só deve ser tomado quinze minutos após a conclusão da prática iogue.

5. Faça os exercícios de manhã, levando para isso de 15 a 45 minutos — conforme a fase que tiver atingido em seus ásanas. O desjejum deve ser tomado 30 minutos depois de completar os exercícios mas, se houver necessidade, reduza o prazo para 5 minutos. Você achará o seu corpo mais flexível à tarde do que pela manhã. Se lhe convier, faça os exercícios à tarde, contanto que não tenha comido nada pelos menos durante 3 horas antes de iniciá-los. Esta é uma fórmula de acomodação. Na realidade, os iogues exigem 4 horas de abstinência antes do início dos exercícios.

6. As preces ou a meditação podem ser levadas a efeito, se você quiser, enquanto estiver sentado em Sukhásana (Gravura 1) ou em Padmásana (Gravura 2), antes ou depois dos exercícios de Pranaiama. Se as orações envolverem algum ritual ou a visita a um templo, deixe que a Ioga preceda a oração para melhor concentração.

7. Adquira o hábito de verificar e tornar a verificar a sua postura enquanto está em pé ou sentado, e continue corrigindo

Fig. 1 Em pé: postura correta

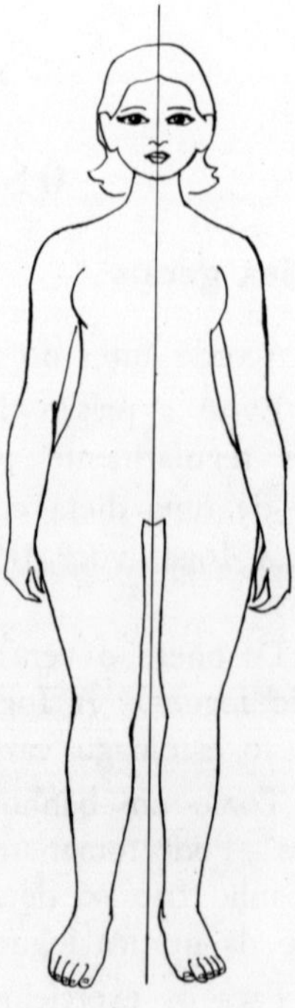

Fig. 2 Em pé: postura correta

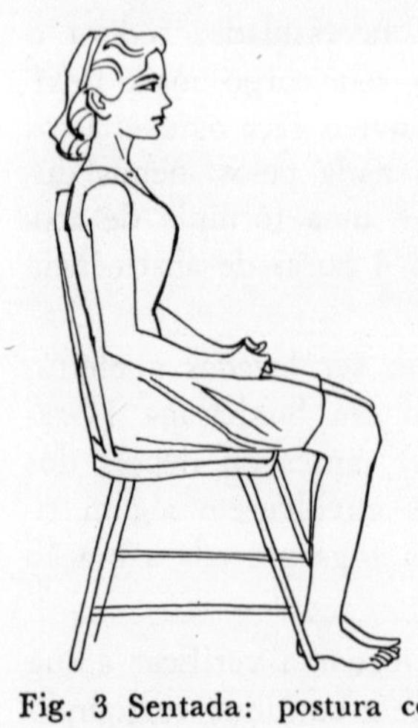

Fig. 3 Sentada: postura correta

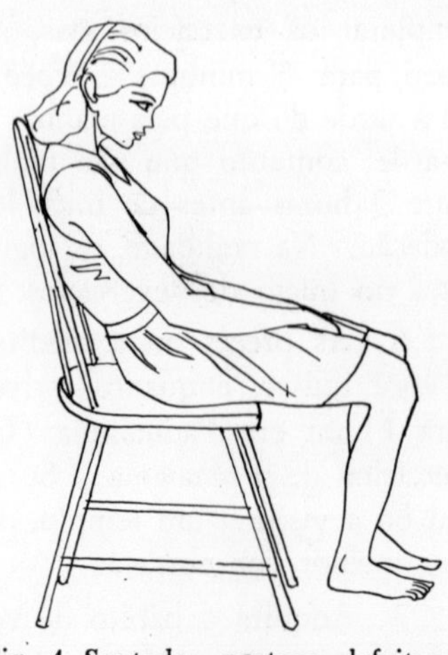

Fig. 4 Sentada: postura defeituosa

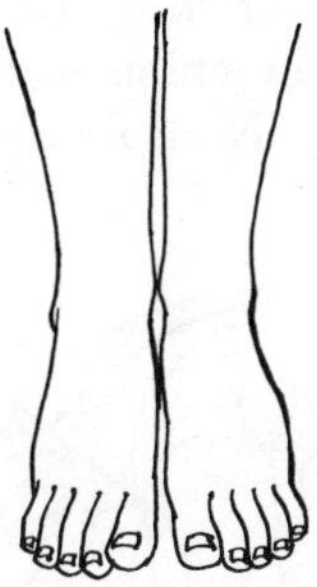

Fig. 5 Posição iogue

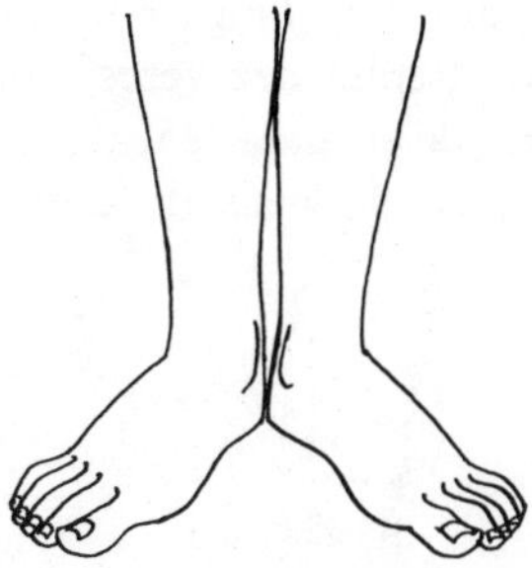

Fig. 6 Posição não admitida pela Ioga

as poses defeituosas, enquanto for preciso, dia após dia, até adquirir o hábito de sentar-se ou permanecer erecto sem ficar rígido (Figs. de 1 a 4).

8. Descontraia o corpo com os seguintes exercícios preliminares de curvatura antes de começar os exercícios iogues:

(*a*) Fique em pé, juntando os pés (Figs. 5 e 6).

(*b*) Estenda os braços lateralmente, de modo que formem uma linha reta com os ombros (Fig. 7).

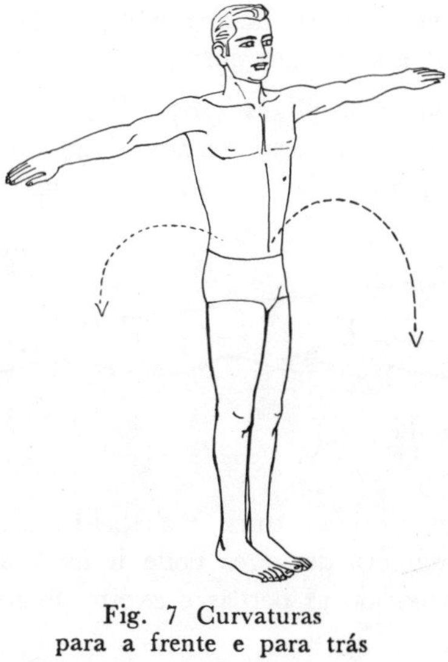

Fig. 7 Curvaturas para a frente e para trás

Incline lentamente o corpo para trás, sem sentir dores e sem perder o equilíbrio. Tendo alcançado o seu limite de inclinação, volte à posição original, como se vê na Fig. 7. Em seguida, incline-se para a frente, lentamente, sem dobrar os joelhos. Execute os exercícios de curvatura 3 ou 5 vezes em cada direção. (*c*) Erga os braços acima da cabeça, atingindo com eles a maior altura que puder (Fig. 8). Depois, com as pernas retas, incline-se para a frente, procurando alcançar, com as mãos, os dedos dos pés (Fig. 9). Volte à posição original, como na Fig. 8. Repita dez vezes. Comece com 5 curvaturas e eleve o número delas para 25, se assim o desejar. Normalmente, 10 curvaturas são mais do que suficientes.

Fig. 8 Início da curvatura para tocar os pés

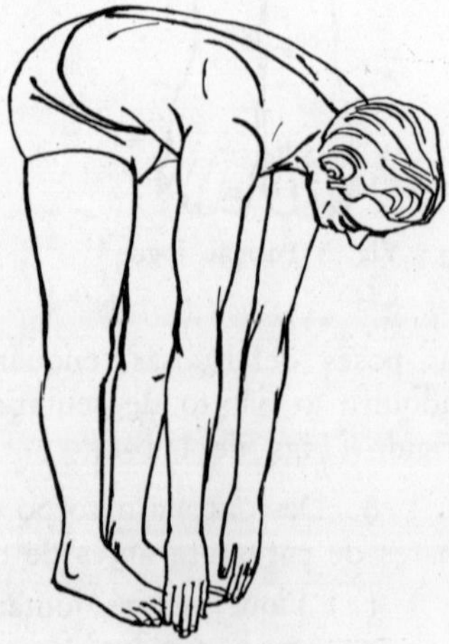

Fig. 9 Fim da curvatura para tocar os pés

9. *Importante.* Expire enquanto se inclina e aspire enquanto endireita o corpo ao voltar à posição normal.

10. Deite-se de costas, com o corpo esticado (Fig. 10). Erga vagarosamente as duas pernas ao mesmo tempo, sem dobrar os joelhos, até que elas formem um ângulo reto com o

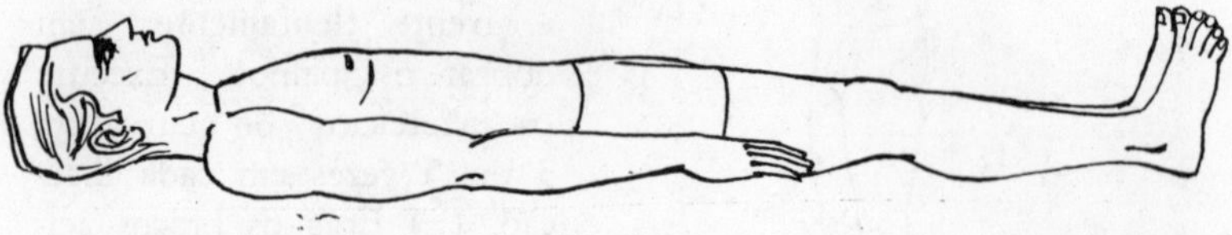

Fig. 10

corpo (Fig. 11). Com a mesma lentidão, torne a abaixá-las até o chão. Repita dez vezes (o número de vezes pode ir de 5 a 20). Aspire quando estiver abaixando as pernas e expire quando as estiver levantando.

11. Pratique os exercícios na ordem dada no livro, excetuando-se o Trikonásana (Gravura 3), que pode ser executado imediatamente após os exercícios preliminares de curvatura.

12. O tempo de duração de cada ásana deve ser de meio minuto, em se tratando de pessoas ocupadas. No caso dos principiantes, pode ser de uns poucos segundos — isto é, exatamente o que eles podem fazer sem sentir dor. Algum desconforto, naturalmente, terá de ser aceito nas primeiras fases.

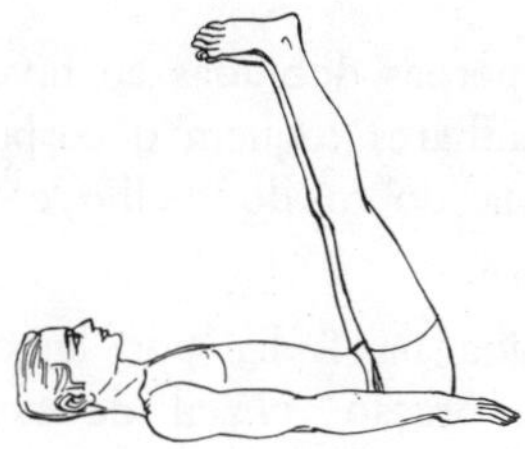

Fig. 11 Seqüência da figura 10

13. Não é necessário praticar todos os ásanas. Escolha os que você é capaz de executar e limite-se a eles a princípio, acrescentando outros à proporção que puder fazê-los com o mesmo conforto.

14. *Importante.* Em caso de dor nas costas provocada por um disco fora do lugar, omita os ásanas e os exercícios preliminares que impõem a inclinação para a frente, e pratique apenas os que requerem o estiramento do corpo e da espinha para trás — como, por exemplo, o Bhujangásana (Gravura 18), o Matsyásana (Gravura 15), etc., ou os que não requerem inclinação alguma, como o Vajrásana (Gravuras 10 e 11), o Gomukhásana (Gravura 8), o Matsyendrásana (Gravuras de 5 a 7), etc. O Dhanurásana — isto é, a Pose do Arco (Gravura 19), é uma exceção, e deve ser evitado.

15. Faça o Pranaiama — isto é, a respiração de 4 unidades descrita na página 100 — vinte e cinco vezes, depois de completar as posturas. A última pose — isto é, o Shavásana, ou a Pose da Tranqüilidade (Gravura 32) faz-se por último, após os exercícios de respiração.

16. *Os exercícios iogues descritos neste livro destinam-se a impedir as dores na espinha. Se, porém, você já sente dores nas costas, consulte o seu médico antes de iniciá-los.*

1. SUKHÁSANA — POSE FÁCIL

Postura: Sente-se no chão com as pernas dobradas ao nível dos joelhos, de modo que os dois calcanhares toquem o corpo, com um pé descansando no interior da dobra do joelho e o outro debaixo dele, como mostra a figura.

Essa postura é largamente praticada na Índia por leigos em ocasiões de meditação, adoração e oração. Fácil de executar, é um bom substituto do Padmásana (Pose do Lótus). Os que não forem capazes de executar o Padmásana nas fases iniciais usarão o Sukhásana até poderem sentar-se confortavelmente na Pose do Lótus. Todas as respirações ou posturas em que se prescreve o Padmásana, ou Pose do Lótus, como postura básica podem ser praticadas em Sukhásana (Pose Fácil) pelos que acharem difícil sentar-se na Pose do Lótus.

Benefícios: O principal benefício dessa postura é a sua acessibilidade aos principiantes como veículo do Pranaiama (exercícios iogues de respiração). Elimina a exaustão e a fadiga após os jogos esforçados, os exercícios cansativos ou o trabalho braçal pesado. Depois do Shavásana (Pose da Tranqüilidade) e do Vajrásana (Pose Vigorosa), esta é a melhor postura para relaxar os músculos do corpo, incluindo os que se relacionam com a espinha.

2. PADMÁSANA — POSE DO LÓTUS

Postura: Assim chamada porque as solas dos pés estão voltadas para cima e os pés divergem como as pétalas de uma flor de lótus. Sente-se no chão com as pernas e os pés repousando frouxamente à sua frente. Estique a perna esquerda formando um ângulo reto com o corpo e o calcanhar descansando no chão; segure o pé direito pelo tornozelo e traga-o até a virilha esquerda, colocando-o sobre a coxa esquerda com o calcanhar tão perto do corpo que faça pressão contra a virilha. Sem mexer na posição do pé direito, flexione o joelho esquerdo de modo que o pé esquerdo se aproxime do corpo. Erga-o pelo calcanhar e coloque-o sobre a coxa direita, com o calcanhar do pé esquerdo comprimindo a virilha direita. Endireite a espinha, empurrando o peito ligeiramente para a frente. Coloque as mãos sobre os joelhos, como mostra a fotografia.

Esta é a melhor pose para o Pranaiama — isto é, para os exercícios em que se cultiva o controle da respiração. Os que forem demasiado obesos para completá-la, colocarão apenas o pé direito sobre a coxa esquerda durante três minutos e, em seguida, trocarão de pé, colocando o pé esquerdo sobre a coxa direita durante mais três minutos. Isso deve ser continuado até se conseguir, com a prática, executar a Pose do Lótus.

Benefícios: Esta postura confere todos os benefícios da Pose Fácil (Sukhásana), que se vê na Gravura 1. Considera-se superior à Sukhásana por serem os benefícios mais pronunciados. Os iogues lhe atribuem a capacidade de ativar a espinha e aprimorar a respiração iogue e a sua eficácia. A prática da respiração iogue enquanto a pessoa está sentada nessa posição mantém a coluna vertebral direita e firme. Contribui para a tranqüilidade do espírito e recomenda-se, portanto, como a postura ideal para a meditação, a concentração e o estudo.

3. TRIKONÁSANA — POSE DO TRIÂNGULO

Postura: Em pé, com os pés bem separados, estique os braços para os dois lados, mantendo-os paralelos ao solo; em seguida, com os braços nessa posição, comece a inclinar-se para o lado direito até que o tronco fique paralelo ao solo e o braço direito toque o pé direito. Os dois braços, a essa altura, são uma linha reta, que forma um ângulo reto com o solo. Incline-se apenas lateralmente. Resista à tendência de inclinar-se para a frente enquanto está tentando inclinar-se no plano lateral. Uma variante dessa pose consiste em abaixar o braço esquerdo gradualmente na direção da cabeça, sem dobrá-lo de maneira alguma, até que o braço fique num plano horizontal, tocando o lado esquerdo da cabeça, e paralelo ao solo. Conserve os olhos abertos e continue a respirar profundamente. Repita a postura do lado esquerdo.

Benefícios: O principal propósito deste ásana é dissolver os "pneumáticos" em torno da cintura. Esta é uma das poucas posturas que estica a cintura no plano lateral, de ambos os lados. É preciso observar que a inclinação na maioria das posturas é para a frente ou para trás. Essa postura, portanto, cobre áreas apenas parcialmente afetadas pelas outras. Confere flexibilidade total ao corpo. Deixa-o mais esbelto, afinando a cintura e desenvolvendo os músculos laterais dos quadris, e dando, desse modo, forma e graça à linha dos quadris.

É uma das posturas preferidas pelas mulheres, que podem executá-la sem risco durante os seus primeiros meses de gravidez. Afirmam os iogues que ela estimula o funcionamento dos pulmões, purifica o sangue, elimina exantemas, furúnculos e espinhas, e confere brilho à pele do corpo em geral e à tez do rosto em particular. Não façam movimentos convulsivos ou espasmódicos ao executar este ásana. Todos os movimentos devem ser lentos e graciosos.

4. UTKATÁSANA — POSE DE CÓCORAS

Postura: Fique em pé, apoiado sobre os dedos dos pés, com os calcanhares erguidos o mais alto possível. Depois, lentamente, sente-se sobre os calcanhares, sem abaixá-los. Todo o peso do corpo estará assim repousando sobre os dedos dos pés. As coxas e a barriga das pernas formarão, juntas, uma linha paralela ao chão. O resto do corpo permanece erecto, em ângulo reto com o chão. Coloque as mãos sobre os joelhos. Conserve os olhos abertos. Continue respirando profundamente.

Benefícios: Essa postura melhora o tônus dos músculos dos dedos dos pés e dos calcanhares em particular e dos músculos das pernas e dos pés em geral. Os iogues lhe dão grande importância como pose básica na execução de alguns processos de limpeza em estilo iogue, como o Jalavasti (ducha de água) e o Pavanavasti (ducha de ar), para esvaziar os intestinos. Considera-se também um promotor da continência, pois funciona como sedativo dos centros sexuais. Além disso, ajuda a desenvolver a posição correta da espinha.

5. ARDHA MATSYENDRÁSANA — POSE INCOMPLETA DE MATSYENDRA, 1

Postura: Matsyendra era o nome de um grande iogue hindu antigo. Costumava sentar-se nessa posição, de modo que a postura recebeu, em sua homenagem, o nome de Matsyendrásana. Ardha, em sânscrito, significa "meio" ou "metade". Aqui o nome da postura é precedido da palavra meio (incompleto) pois o principiante encontrará dificuldade em executar a postura completa.

A fim de adotar a postura incompleta, sente-se no chão e estique a perna direita à sua frente, formando um ângulo reto com o tronco. A seguir, coloque o pé esquerdo no chão, do lado direito do joelho direito, como mostra a figura. Depois passe o braço direito em torno do joelho esquerdo e segure o pé com a mão direita. Coloque a mão esquerda nas costas, apoiando o dorso da mão na extrema direita da cintura. Continue a respirar profundamente e expanda o tórax o mais possível. Vire a cabeça para a esquerda até onde puder e incline-a para baixo, de modo que o queixo toque o ombro esquerdo. Conserve os olhos abertos. Não deixe que o joelho da perna direita se levante do chão. Procure comprimir o abdome com a parte superior da perna esquerda enquanto está nessa posição.

Repita os movimentos invertendo a posição das pernas e dos braços, isto é, esticando a perna esquerda e colocando o pé direito ao lado do joelho esquerdo, etc.

Benefícios: Essa postura é geralmente receitada para pessoas que têm rins fracos e músculos urinários (da bexiga) frouxos. Alivia a espermatorréia nos homens e a leucorréia nas mulheres. Descargas leucorréicas provenientes de lesões sérias como câncer, abcessos ou infecções venéreas, naturalmente, precisam de tratamento médico, confiado a especialista de confiança. A prática deste ásana confere muitos outros benefícios, que se descrevem entre os do Matsyendrásana completo (Gravura 7).

6. ARDHA MATSYENDRÁSANA — POSE INCOMPLETA DE MATSYENDRA, 2

Postura: A mesma que se vê na Gravura 5, com uma exceção: a perna esticada é dobrada de maneira que o calcanhar toca no quadril oposto.

Benefícios: Os mesmos da Pose anterior.

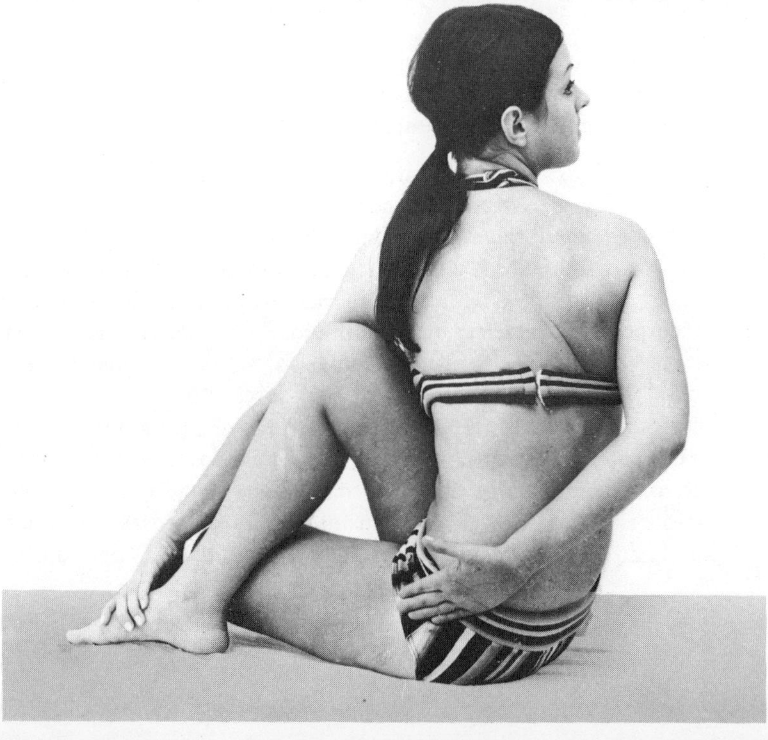

7. PURNA MATSYENDRÁSANA — POSE COMPLETA DE MATSYENDRA

Postura: Sente-se no chão e coloque o pé esquerdo sobre a coxa direita, como faz na Pose do Lótus. O calcanhar do pé esquerdo fica perto do umbigo. Agora, erga o pé direito e coloque-o ao lado do joelho esquerdo, como fez na postura incompleta 1, sendo que aqui a perna direita não está esticada. Certifique-se de que toda a sola do pé direito, ao lado do joelho esquerdo, repousa no solo e dele não se afasta. Em seguida, passe o braço esquerdo em torno do joelho direito e segure os dedos do pé direito com a mão esquerda, exatamente como fez na pose invertida no ásana incompleto de Matsyendra n.º 2. Da mesma maneira, ponha o braço direito nas costas de modo que ele toque o calcanhar esquerdo, em lugar de tocar apenas a cintura, como aconteceu na postura anterior. Vire a cabeça para a esquerda, premindo o ombro esquerdo com o queixo.

Repita o ásana invertendo os movimentos e colocando o pé direito sobre a coxa esquerda e trocando a posição das pernas e dos braços da postura anterior.

Benefícios: Essa postura comprime o canal alimentar e quase todas as vísceras situadas no tórax, no abdome e na pelve. Também torce a espinha alternadamente dos dois lados e estica os músculos das pernas e dos braços. Cabalmente executada, a postura de Matsyendra não deixa uma única porção do corpo sem exercício nem estímulo. Os iogues receitam-na para os distúrbios do fígado e do baço, sobretudo quando crônicos. É extremamente benéfica nas dores crônicas das costas, tonificando os nervos e os músculos, tanto profundos quanto superficiais, da espinha. Ativa a circulação do sangue no corpo inteiro, aumentando a eficiência da espinha em especial. Além das dores nas costas, alivia as manifestações dolorosas em várias partes do corpo servidas pelos nervos raquidianos, pois ajusta

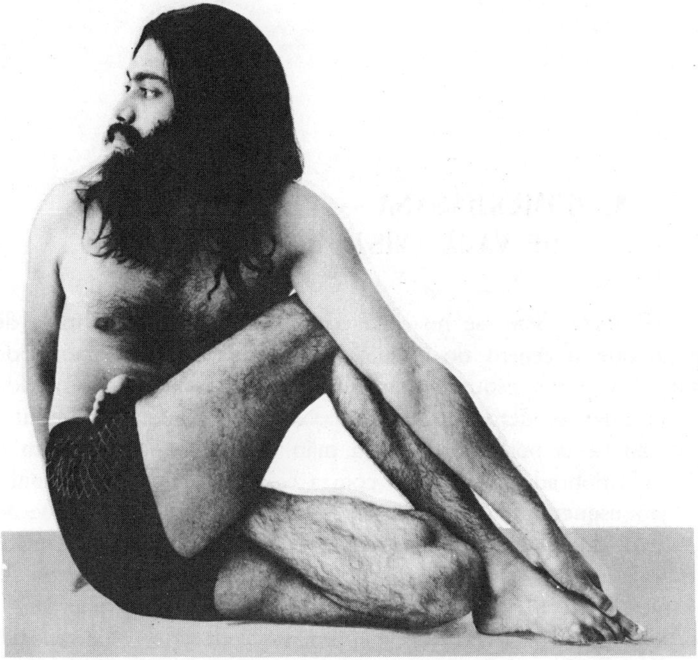

e corrige as posições defeituosas das vértebras e até as deformidades da espinha em geral. Mantendo a respiração profunda durante a pose, a pessoa que a executa acelera a circulação do sangue de todas as glândulas e vísceras, desde a tireóide até a pelve, incluindo as sexuais. Melhora também a digestão e a assimilação dos alimentos e alivia a dispepsia. Alguns iogues chegam a atribuir a essa postura propriedades anti-helmínticas — isto é, a destruição de vermes encontrados no canal alimentar. Não estou em condições de confirmar-lhe a eficiência na destruição e expulsão dos vermes, mas não há dúvida que a prática do ásana de Matsyendra é sumamente benéfica à saúde e à longevidade dos que o adotam. É uma pose difícil e só mesmo com muita prática e muita paciência podem os homens e mulheres comuns dominá-la. Foi por essa razão que ofereci uma alternativa na forma do ásana incompleto de Matsyendra, para que o leitor aufira pelo menos alguns dos benefícios proporcionados pela postura.

8. GOMUKHÁSANA — POSE DA CABEÇA DE VACA (VISTA DE FRENTE)

Postura: Sente-se no chão com a perna direita dobrada de modo que o centro do círculo do calcanhar fique debaixo do ânus. A perna esquerda também deve estar dobrada, ficando o calcanhar esquerdo o quanto possível sob o quadril direito. Sentado nessa postura, ponha a mão direita nas costas, com o cotovelo dobrado em contato com a cabeça. Em seguida, ponha a mão esquerda nas costas, conservando o cotovelo esquerdo debaixo do ombro esquerdo. Ato contínuo, junte as mãos atrás das costas, como se vê na Gravura 9. A vista frontal da postura aparece na Gravura 8. Conserve os olhos abertos, o corpo direito e o abdome ligeiramente contraído. Continue a respirar lenta e profundamente.

Benefícios: Esta postura melhora a circulação das axilas e das ilhargas. Tonifica também os tecidos dos pés, dos joelhos e da cintura. Ativa a circulação dos músculos, tendões e ligamentos dos joelhos e da barriga da perna, tonificando-os. A sua prática, alternando a posição dos braços, aprimora a circulação e a atividade dos pulmões. Tem sido recomendada aos que sofrem de tuberculose pulmonar. É benéfica para pacientes de asma e também tende a dispersar as glândulas axilares. Muito eficaz no alívio das dores nas costas, elimina as sensações de fraqueza e fadiga, bem como a inapetência. Também tende a reduzir a hiperacidez (azia).

9. GOMUKHÁSANA — POSE DA CABEÇA DE VACA (VISTA POR TRÁS)

Sobre uma descrição dessa postura e dos benefícios que oferece, leia a página 54.

10. VAJRÁSANA — POSE VIGOROSA

Postura: Ajoelhe no chão juntando os joelhos, tornozelos e dedões dos pés. Em seguida, vagarosamente, sente-se sobre os calcanhares, mantendo os calcanhares e os dedões juntos. Descanse as mãos nos joelhos, como mostra a Gravura 10. Expanda o tórax e recolha o abdome. A cabeça, as costas e a cintura devem formar uma linha reta. Conserve os olhos abertos. Respire profundamente. Não deixe o corpo tenso: descontraia-se e procure sentir-se à vontade.

Benefícios: Essa postura é boa principalmente para aqueles cujas dores nas costas se agravam depois de uma refeição pesada. Deve ser praticada imediatamente após as refeições por pessoas cujo histórico acusa alguma moléstia cardíaca e que se sentem mal depois das refeições principais, sobretudo no epigástrio (boca do estômago), e que às vezes têm palpitações em virtude da pressão dos gases sobre o diafragma. Ajuda a digestão. Os portadores de males cardíacos e dispepsia devem praticá-la, durante cinco ou dez minutos, após o desjejum, o almoço e o jantar.

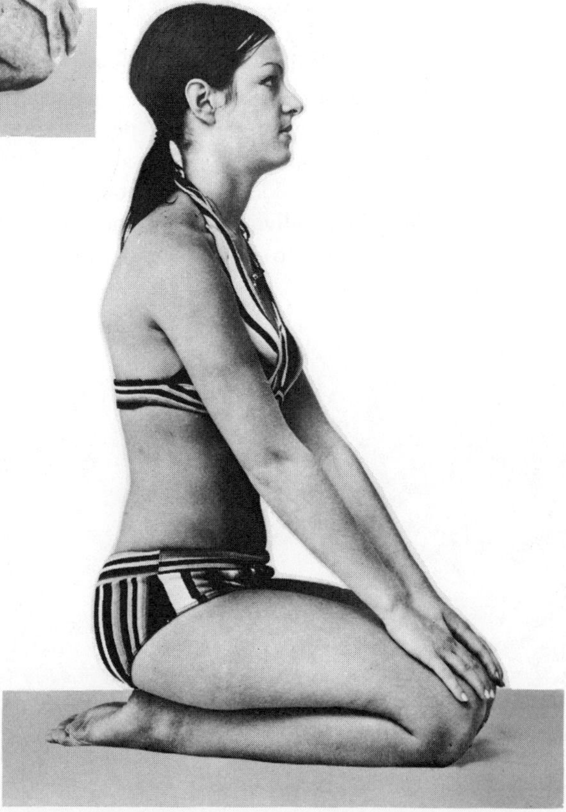

11. SUPTA VAJRÁSANA — POSE VIGOROSA HORIZONTAL 1

Postura: Em primeiro lugar, coloque-se na postura que antecede esta última — Vajrásana (Pose Vigorosa). A seguir, erguendo as costas com a ajuda das mãos, estique a cabeça até onde puder, de modo que as costas fiquem arqueadas acima do solo, ao mesmo tempo que o corpo todo descansa sobre a cabeça, de um lado, e sobre a parte inferior das pernas e dos pés, de outro. Conserve as mãos nas coxas. Continue a respirar profundamente. As mulheres grávidas devem evitar essa pose.

Benefícios: Exercita os músculos e os vasos sangüíneos dos pés, dos joelhos, do abdome, das costelas, do tórax, da garganta e do pescoço, da boca, dos olhos e da cabeça, e beneficia todas essas partes. A pessoa que executa este ásana experimenta uma sensação de estiramento de todo o corpo no sentido longitudinal. Apesar disso, mantenha o corpo e a mente tão descontraídos quanto puder. Esse exercício corrige defeitos da coluna, alivia as dores nas costas e tonifica os músculos da espinha, tanto os profundos quanto os superficiais.

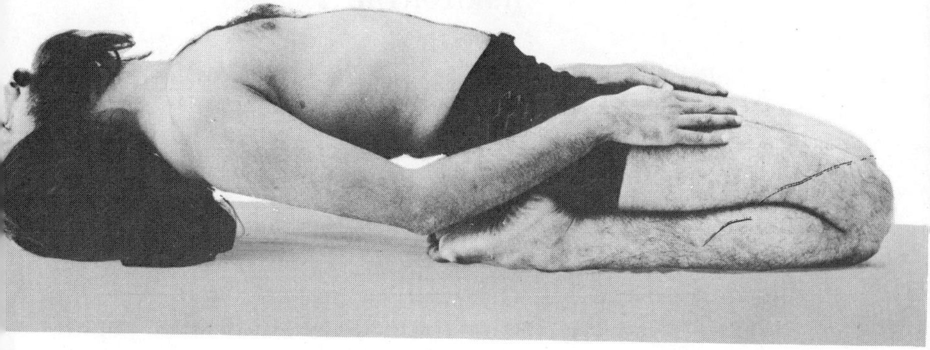

12. SUPTA VAJRÁSANA — POSE VIGOROSA HORIZONTAL 2

Postura: Ajoelhe no chão, juntando os joelhos, os tornozelos e os dedões do pé. Depois, lentamente, sente-se sobre os calcanhares, conservando os dedões juntos. Sem mudar a posição dos dedões e dos joelhos, e apenas separando os calcanhares para poder sentar-se entre eles, incline-se vagarosamente para trás até que a cabeça e os ombros toquem o chão atrás de você. Conserve as mãos nas coxas. As costas também devem ser colocadas, o quanto possível, em contato com o chão. Os olhos podem ficar abertos ou fechados. Continue a respirar profundamente. Permaneça descontraído durante a postura.

Benefícios: Os mesmos que se descreveram em relação à postura anterior.

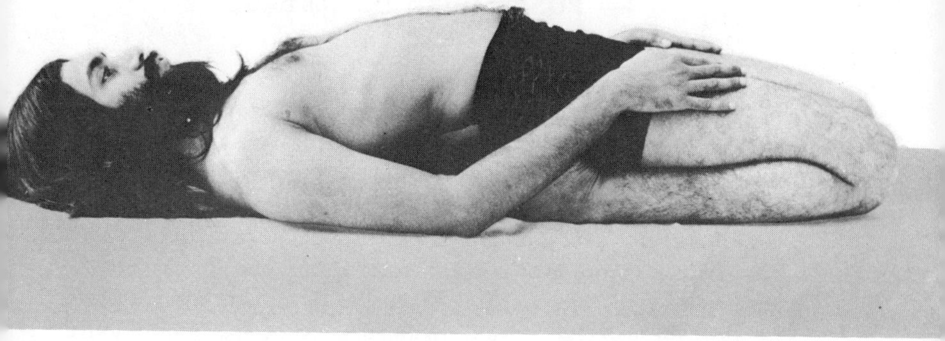

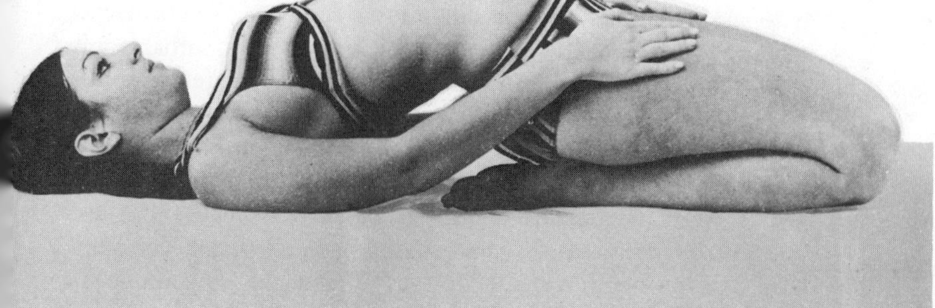

13. URDHWA SARVANGÁSANA — POSE SOBRE OS OMBROS

Postura: Deite-se de costas, com o corpo esticado, as pernas juntas e os braços colados ao corpo. Erga as pernas e o tronco de modo que todo o peso das pernas e do tronco erguidos repouse sobre os ombros. Apóie os cotovelos no chão e sustente as costas com as mãos e antebraços para manter o corpo erecto (Veja Gravura 13). Desde a ponta dos dedos dos pés até os ombros, o corpo todo forma uma linha vertical, em ângulo reto com o chão. O queixo deve comprimir a parte inferior do pescoço. Não coloque os cotovelos muito longe nem muito perto do corpo. Flexione os pés e os dedos dos pés para cima. Não dobre os joelhos e permaneça imóvel, embora descontraído. Fixe o olhar nos dedos dos pés. Se com isso os seus olhos lacrimejarem, feche-os e relaxe-se. A respiração durante a postura deve continuar profunda e lenta.

Pode ser que as pessoas obesas não consigam executar este ásana com perfeição. É provável que levantem apenas as pernas e não levantem o tronco. Isso não deve desanimá-los. Basta que ergam ao máximo as pernas, sem sentir muito desconforto nem muita dor.

Benefícios: A Pose sobre os Ombros ativa a circulação e o tônus neuromuscular dos olhos e do cérebro. Também aprimora o funcionamento dos vasos da garganta e as cordas vocais e melhora a voz dos cantores. Experiências já feitas confirmaram que ela influi favoravelmente no funcionamento do fígado e na digestão e tonifica os nervos e a musculatura de todos os canais de comunicação que ligam a cabeça ao tronco. É um agente profilático contra muitas doenças. Os iogues lhe atribuem grande importância como auxiliar para despertar Kundalini, o misterioso poder capaz de levar o Sadhaka (Aspirante) à Perfeição Absoluta. Entretanto, a você e a mim, habitantes nor-

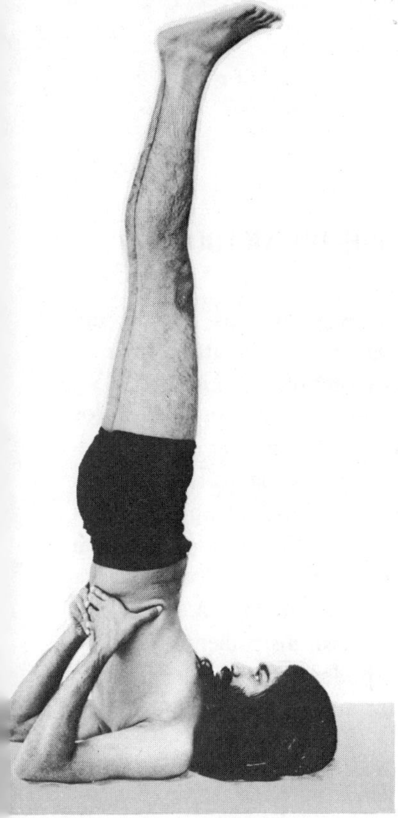

mais deste mundo, também aproveita muito essa postura excelente, boa para homens e mulheres, que confere, praticamente, todos os benefícios proporcionados pela pose sobre a cabeça (Sirsana), sem nenhum dos perniciosos efeitos que este último, às vezes, acarreta.

14. HALÁSANA — POSE DO ARADO

Postura: Deite-se de costas no chão, erga as pernas, em seguida erga as costas com a ajuda das mãos até atingir o Urdhwa Sarvangásana (Pose sobre os ombros — Gravura 13). A seguir, incline lentamente as pernas, até que os dedos dos pés toquem no chão, atrás da cabeça. Mantenha as pernas esticadas e não dobre os joelhos. Depois, estenda os braços para além das costas, de modo que fiquem na direção oposta à das pernas. Os braços repousam no solo, paralelos um ao outro, com as palmas das mãos em contato com o chão. O corpo agora descansa sobre os ombros, o pescoço e a cabeça. A pose lembra um arado e por isso tem o nome desse instrumento agrícola. Conserve os olhos abertos. Se não puder continuar respirando profundamente nessa postura, respire normalmente enquanto a executa.

Benefícios: Este ásana é também conhecido como Sarvangásana, que significa, literalmente, "postura de todas as partes". Exercita e estira os músculos posteriores de todo o corpo. Melhora a circulação e o tônus da coluna vertebral em toda a sua extensão e, ao mesmo tempo, beneficia os braços e as pernas. Tonifica a glândula tireóide. Confere elasticidade e flexibilidade à coluna vertebral, "lubrificando" as raízes dos nervos raquidianos (32 pares ao todo, que servem a maior parte do corpo). O estiramento envolvido no exercício aumenta as passagens (orifícios vertebrais) pelos quais passam os nervos raquidianos, que se ramificam pelo corpo, aumentando consideravelmente — e, às vezes, espetacularmente — a eficiência e o desempenho de todo o sistema nervoso espinhal e das áreas servidas por ele. A sua prática regular aprimora o funcionamento das vísceras toráxicas e abdominais em geral. Ativa a circulação do cérebro e contribui, por conseguinte, para estimular a inteligência, a vivacidade e a memória.

15. MATSYÁSANA — POSE DO CROCODILO

Postura: Primeiro, sente-se na Pose do Lótus (Padmásana); em seguida, gradualmente, incline o corpo para trás até ficar deitado de costas, com as pernas como na postura do Lótus. Flexione a cabeça para trás e arqueie as costas, erguendo o peito e o abdome, para que todo o corpo descanse sobre os joelhos e a cabeça. Esta deve ser esticada para trás de modo que a sua ponta mais alta repouse no chão. Respire lenta e profundamente, procurando descontrair-se.

Benefícios: Essa postura alivia a prisão de ventre e tonifica os tecidos da coluna vertebral. Afirma-se que é especialmente benéfica para as mulheres, pois normaliza o funcionamento do útero.

Tonifica os pulmões e os músculos do peito. Ativa a circulação da garganta e tende a reduzir as amígdalas. Diz-se que a espinha dos praticantes regulares dessa postura continua forte e erecta até a velhice. Ainda que se tenha manifestado uma pequena curvatura, a prática regular da postura ajudará a corrigi-la. Diz-se também que ela favorece os diabéticos, melhorando-lhes o metabolismo geral. As pessoas que sofrem de dores na coluna devem executá-la com regularidade. Não há inconveniente algum em praticá-la parcialmente quando não se consegue realizar a postura perfeita. De qualquer maneira, o praticante manterá o espírito e o corpo livres de tensão e rigidez. Se não for possível eliminar de todo a tensão, esta deve ser reduzida ao mínimo.

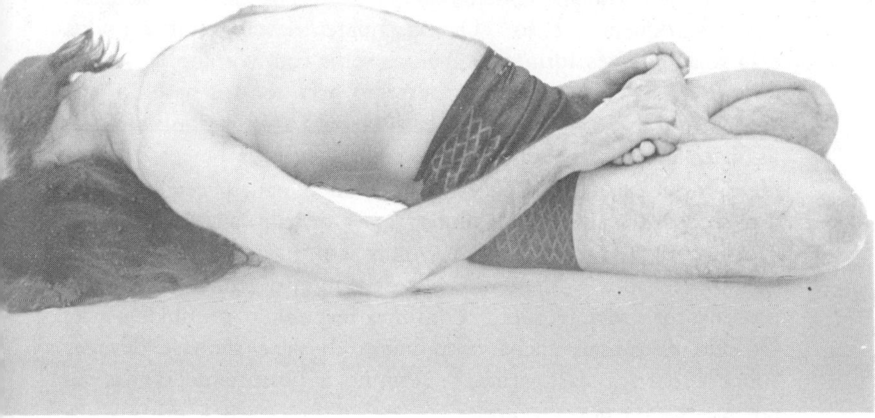

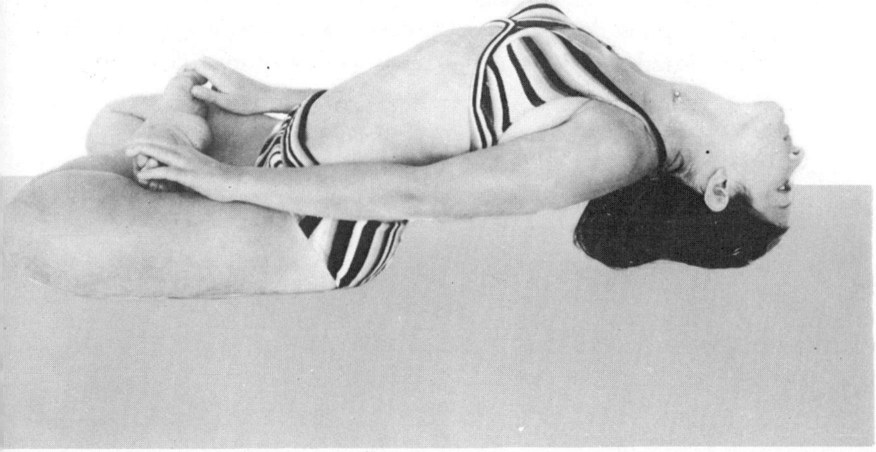

16. USHTRÁSANA — POSE DO CAMELO

Postura: Ajoelhe-se de modo que apenas os joelhos e os dedos dos pés toquem o chão. Os calcanhares devem estar erguidos e as solas dos pés formando ângulos retos com o solo. A seguir, estique a cabeça para trás num esforço para tocar a base do pescoço com a cabeça. Incline a cintura para trás, permitindo que as mãos agarrem os calcanhares, sem dobrar os braços. Nessa pose, o queixo (que deve estar apontando para o céu), as orelhas e os calcanhares, em linha reta, formam um ângulo reto com o chão (Gravura 16). Os olhos tanto podem ficar abertos quanto fechados. Mantenha o corpo inteiro firmemente nessa posição, mas sem tensões. Continue respirando profundamente. Quando se cansar, encha os pulmões de ar e sente-se devagar sobre a barriga das pernas. Termine a postura depois de algumas respirações profundas.

Benefícios: Essa postura acentua o tônus e a circulação dos músculos profundos e superficiais da coluna, desde o cóccix até o pescoço. Afirmam alguns iogues que é sumamente benéfica em casos de fístulas e hemorróidas. Alivia a prisão de ventre e reduz as inflamações retais (se não forem de natureza maligna).

17. PASHCHIMOTTANÁSANA — POSE DE ESTIRAMENTO POSTERIOR

Postura: Sente-se no chão com as pernas esticadas à sua frente, de modo que o corpo fique em ângulo reto com as pernas. Em seguida, estenda para a frente os braços, paralelos ao chão. Comece a inclinar-se para a frente e a abaixar os braços esticados, até que as mãos toquem os dedos dos pés. Agora incline o tronco para a frente e para baixo até que a testa toque as pernas. Na postura perfeita, a cabeça repousa sobre os joelhos e os dedos indicadores de ambas as mãos envolvem os dedões dos pés, ao passo que os cotovelos se inclinam ligeiramente para dentro e tocam o solo de ambos os lados (veja Gravura 17). Mantenha os olhos abertos, respire normalmente. Fique nessa posição durante algum tempo, depois volte à original — isto é, formando as pernas um ângulo reto com o tronco, as mãos apoiadas nos joelhos ou nas coxas, e descontraia-se.

Os principiantes talvez encontrem dificuldade em realizar essa postura com perfeição nas primeiras tentativas. Isso não deve desanimá-los, pois, ainda que seja imperfeitamente executada, os benefícios que dela advêm são inúmeros.

Benefícios: Essa postura estica toda a extensão da coluna. Portanto, contribui de maneira notável para a circulação e para o tônus da espinha, dos músculos e dos nervos raquidianos. Reduz a obesidade abdominal, elimina a rigidez dos músculos posteriores e confere elasticidade e flexibilidade à parte inferior das costas. Alivia as dores musculares, especialmente nas regiões lombar e dorsal e nas pernas. Alguns iogues recomendam-na para controlar os soluços repetidos e os acessos de asma. Os seus benefícios para a saúde em geral são consideráveis.

Tome o cuidado de executar este movimento ritmicamente; expire quando se inclina para a frente e inspire ao voltar à posição inicial.

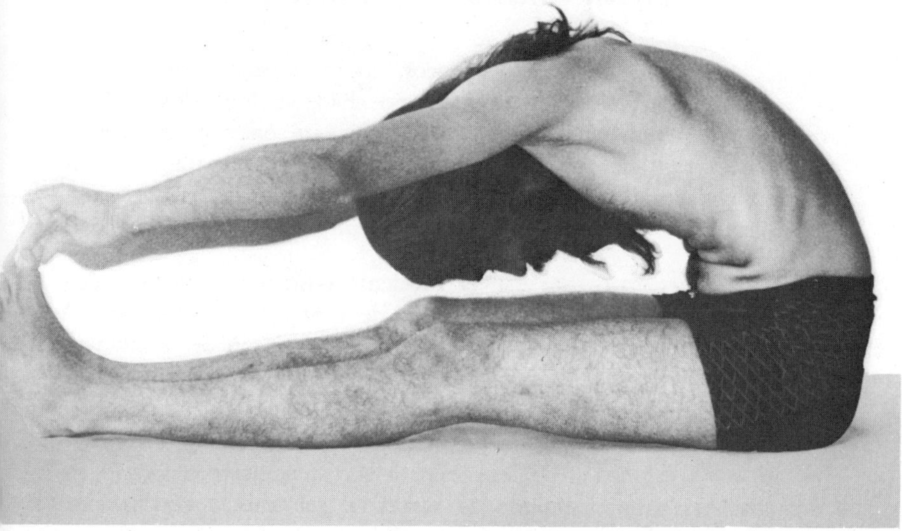

18. BHUJANGÁSANA — POSE DA SERPENTE

Postura: Deite-se de bruços, sobre o peito e o abdome; em seguida, colocando as mãos no chão, ao lado dos ombros, erga o peito com a ajuda dos braços, até onde puder, com a cabeça esticada para trás. O corpo, da cintura para baixo até os dedos dos pés, deve permanecer em contato com o solo, ficando juntas as pernas e os pés. Respire lenta e profundamente.

Benefícios: Esta é uma excelente pose para reduzir a gordura abdominal e aliviar a prisão de ventre e a flatulência. A sua contribuição para o alívio das dores espinhais é notável, considerando-se a simplicidade da pose. Praticada com paciência e diligência, ajuda o praticante a eliminar dores espinhais de longa data, mesmo quando causadas por alterações osteoartríticas da espinha. Os seus benefícios estendem-se a toda a coluna vertebral, incluindo as vértebras cervicais, toráxicas, dorsais, sagradas e o cóccix (estas palavras indicam as regiões da espinha correspondentes ao pescoço, às partes superior, média e inferior das costas e à extremidade da espinha, respectivamente). Também tonifica os músculos, tendões e ligamentos, os nervos e vasos sangüíneos da região espinhal.

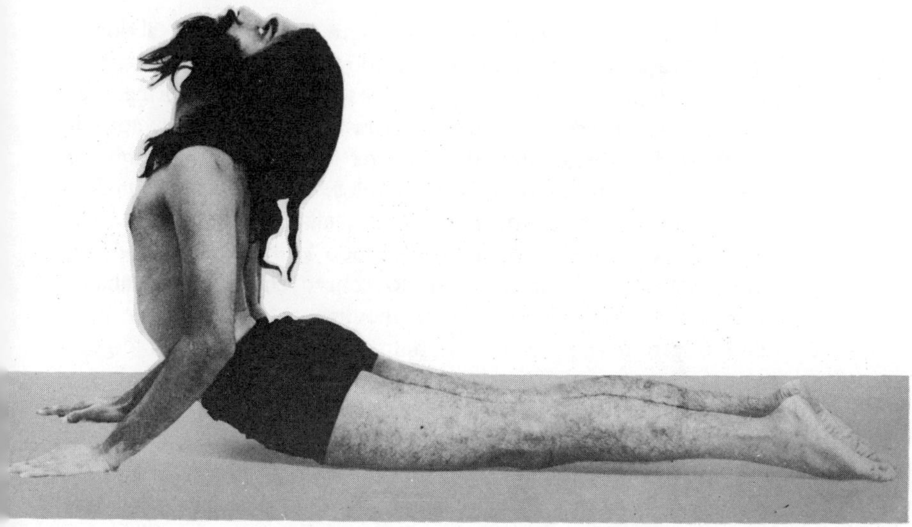

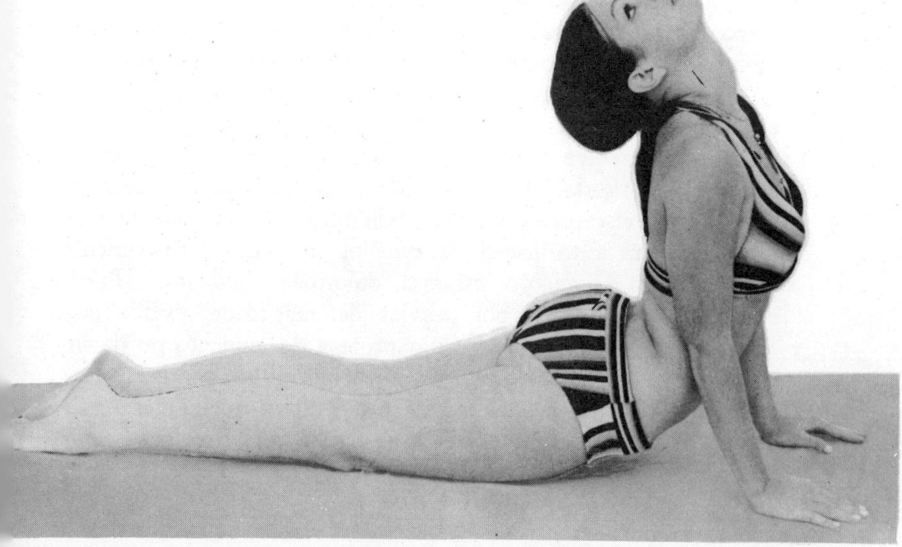

19. DHANURÁSANA — POSE DO ARCO

Postura: Deite-se de bruços, sobre o peito e o abdome, com os braços descansando ao lado do corpo. Durante todo o exercício, tanto as pernas quanto os pés devem permanecer unidos. Erga os pés e as pernas para cima e para trás, aproximando-os da cabeça, até que, com os braços erguidos atrás de você, possa segurar os dois tornozelos, o tornozelo esquerdo com a mão esquerda e o direito com a mão direita. Erga a cabeça. Afaste o peito do solo, de modo que apenas o abdome e a pelve permaneçam em contato com o chão. Mantenha-se firme nessa posição, sem nenhum movimento, exceto os do aparelho respiratório. Encha os pulmões de ar antes de erguer as pernas e o peito. Ao completar a pose, continue a respirar normalmente, se a respiração profunda lhe parecer difícil. Os pés talvez tendam a abaixar-se na direção da cintura, mas procure impedi-lo, mantendo-os em posição. Conserve os olhos abertos. Encha os pulmões quando voltar ao solo para terminar a pose.

Quando estiver acostumado à postura, aprenda a rolar para a frente e para trás (como uma cadeira de balanço).

Benefícios: Essa postura também submete a exercícios o corpo inteiro. Fortalece os músculos superficiais e mais profundos de toda a espinha, removendo a rigidez, o retesamento, as dores, as sensações de queimadura e a fraqueza da espinha e das áreas adjacentes e servidas pelos nervos raquidianos. Tonifica e desenvolve os músculos do peito. Melhora o funcionamento do fígado, dos rins, da bexiga, dos órgãos genitais e de outras vísceras pélvicas e abdominais. É um agente profilático contra a formação de cálculos nos rins e na vesícula biliar. Alivia as micções escassas, dolorosas e ardentes. Praticada com regularidade por pessoas de meia-idade, exerce saudável efeito sobre a próstata e a protege do aumento ou da inflamação. Proporciona alívio contra hemorróidas, anorexia (inapetência), flatulência e halitose (mau hálito), quando esta não é causada pela piorréia. Este ásana não deve ser praticado por portadores de desvios de discos.

20. EKA-PADA SHALABHÁSANA — POSE DO GAFANHOTO, 1

Postura: Deite-se de bruços sobre o abdome, com os braços junto ao corpo, encostados no chão. O queixo também deve tocar o chão, assim como a superfície superior do pé esticado. Aspire profundamente e erga a perna esquerda o máximo possível, enquanto puder fazê-lo sem muita dificuldade e sem dor. Depois, lentamente, expire e respire profundamente cinco vezes. Torne a encher os pulmões com uma aspiração profunda e abaixe a perna devagar, até que ela reassuma a posição original. Repita o processo com a perna direita. Durante o exercício não dobre os joelhos e não afaste a perna da linha reta que ela forma com o corpo.

Benefícios: A Pose do Gafanhoto aumenta a esbeltez do corpo e dissolve a gordura dos joelhos, dos quadris, da cintura e do abdome. Tonifica os músculos da região dorsal e da região sagrada da espinha. Combate as tendências para a prisão de ventre e para as hemorróidas. Ativa a circulação dos intestinos inferiores e elimina a flatulência. Também elimina as dores das áreas acima citadas. Os mestres de Ioga recomendam-na especialmente às mulheres.

21. DVIPADA SHALABHÁSANA — POSE DO GAFANHOTO, 2

Postura: Deite-se no chão, de bruços, como na Pose 1 descrita à página 78. Tanto na postura 1 quanto na 2, as mãos e os braços descansam no chão, encostados ao corpo em toda a sua extensão, até as coxas. Encha os pulmões com uma respiração profunda, levante as pernas até onde puder sem que o esforço lhe cause um incômodo excessivo. Nessa posição, respire profundamente três ou cinco vezes. Torne a encher os pulmões com uma respiração profunda e, vagarosamente, abaixe as pernas até que elas descansem no chão. Não dobre os joelhos e, durante todo o exercício, conserve as pernas bem retas e unidas. O queixo permanece em contato com o chão. O praticante não conseguirá erguer muito as pernas. Só depois de longa prática adquirirá a flexibilidade necessária para praticar a postura com eficiência.

Benefícios: Essa postura tonifica os ligamentos, tendões, músculos e nervos da parte inferior das costas e da cintura em geral. Melhora a circulação de toda a região pélvica, tonificando os órgãos e vísceras dessa área. Afirma-se que ela tonifica o aparelho urogenital. Reduz o edema dos tornozelos e dos pés. É boa para mulheres que sofrem de dismenorréia e menstruações irregulares. Além disso, ajuda a aliviar as hemorróidas e as fases iniciais das fístulas. Os mestres de Ioga também a receitam aos que sofrem de micções dolorosas, diabetes e escassez de urina, como auxiliar do tratamento que possam estar fazendo.

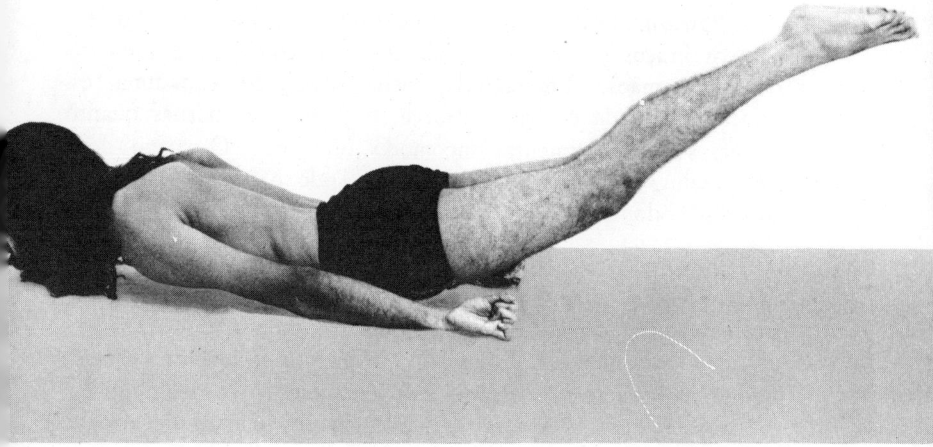

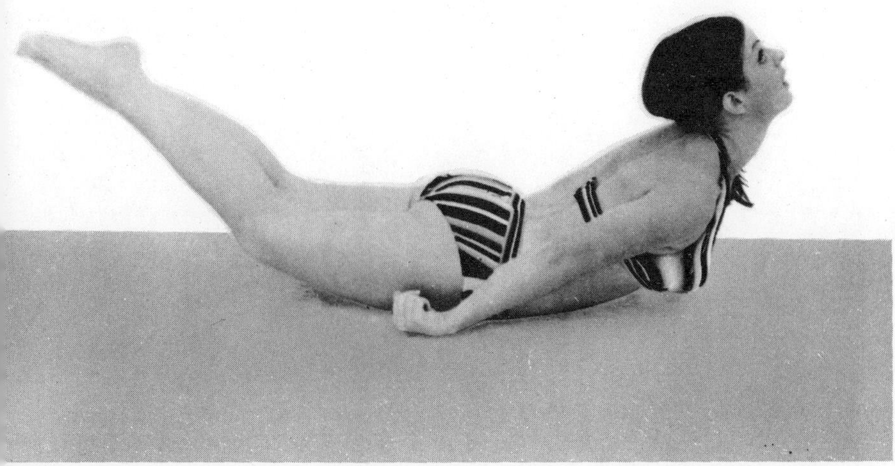

22. NAUKÁSANA — POSE DA CANOA

Postura: Deite-se de bruços, sobre o peito e o abdome, com os braços nas costas. Não dobre os cotovelos e junte os dedos das mãos. Em seguida, encha os pulmões com uma respiração profunda e erga a cabeça, o peito e as pernas quanto puder, sem experimentar incômodo ou dor. O corpo deve ficar assim, semelhando uma canoa. Todo o seu peso repousa sobre o abdome.

Benefícios: Esta postura melhora o apetite, elimina os soluços e excessos de eructações. Expele os gases. Estimula o funcionamento do sistema digestivo, incluindo o do estômago, do fígado, do duodeno, do intestino delgado e do intestino grosso. Reduz as desordens "fleumáticas", incluindo os resfriados e catarros. Tende a diminuir a violência dos acessos de asma e as fístulas. Tonifica os músculos do peito e dissolve a gordura abdominal.

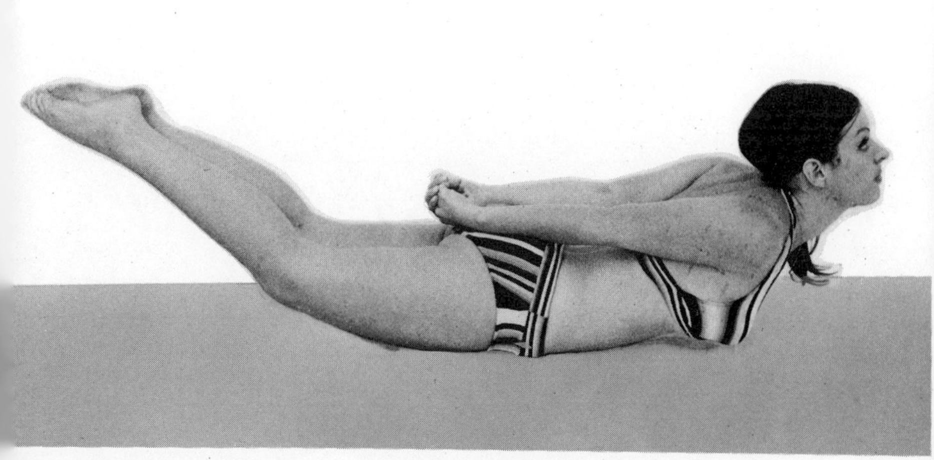

23. SUPTA URDHWA HASTÁSANA — POSE DAS MÃOS ERGUIDAS, 1 — DEITADO

Postura: Deite-se de costas, com as mãos atrás da cabeça e os braços estendidos ao máximo. A extensão que vai das pontas dos dedos das mãos às pontas dos dedos dos pés deve ser a maior possível, esticando-se todo o corpo, incluindo os braços e as pernas, como se as extremidades do corpo estivessem sujeitas a um estiramento em direções opostas. O próprio pescoço é esticado para trás, na direção das mãos.

Benefícios: Essa postura confere os benefícios da tração sobre a espinha e o resto do corpo. Relaxa e melhora o funcionamento das estruturas neuromusculares. Também ativa a circulação.

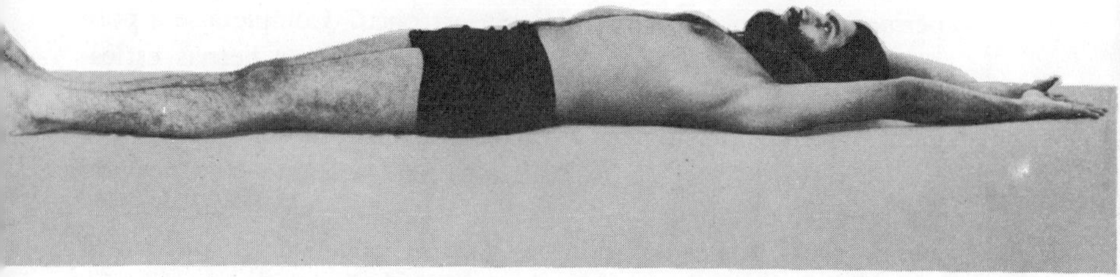

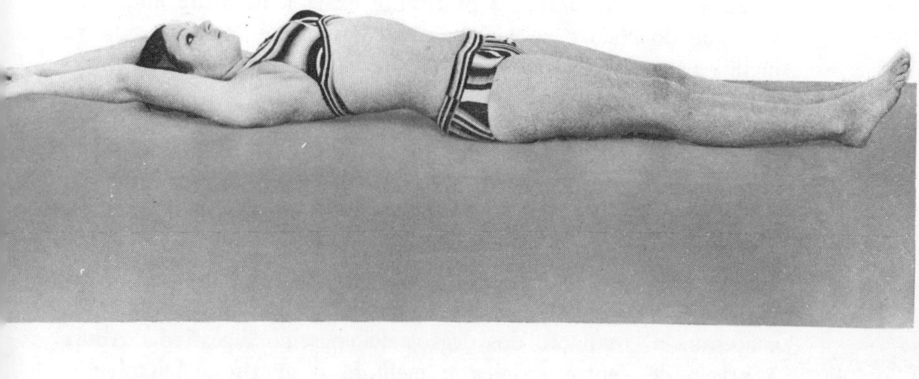

24. SUPTA URDHWA HASTÁSANA — POSE DAS MÃOS ERGUIDAS, 2

Postura: Da postura deitada, descrita na página precedente, levante-se devagar para a postura sentada, sem modificar a posição dos braços erguidos, que devem mover-se para cima, permanecendo numa linha reta com o tronco. Completa-se a pose quando este último ficar em ângulo reto com as pernas esticadas, que não saem da posição original. Em seguida, incline-se para a frente, mantendo as mãos erguidas na mesma relação com o resto do corpo. A inclinação para a frente continua até que as mãos toquem os dedos dos pés. Os que forem incapazes de tocar nos dedos dos pés com as mãos devem inclinar-se o mais que puderem e, chegados ao seu limite, voltar para trás, até que as costas e braços toquem o solo e o praticante retorne à posição descrita na postura das mãos erguidas n.º 1 (página anterior). Neste ásana, o praticante exala lentamente enquanto se ergue do chão e se inclina para a frente, e inala quando se inclina para trás. Em outras palavras, expira ao dobrar o corpo e inspira ao desdobrá-lo.

Benefícios: Esta postura, juntamente com o exercício que a acompanha, fortalece os músculos e ligamentos da espinha, principalmente as suas regiões dorsal e sagrada, e previne a tendência para a ciática, a dor que viaja da junta dos quadris até a parte posterior dos joelhos, ou mais, afetando toda a perna até o calcanhar. Tonifica também os músculos abdominais e acentua a circulação dos órgãos do aparelho digestivo. Alivia a prisão de ventre crônica e melhora o apetite. Dissolve o excesso de gordura das paredes abdominais.

25. CHAKRÁSANA — POSE DA RODA

Postura: Deite-se de costas no chão. Erga os joelhos de modo que o calcanhar de cada pé toque o quadril correspondente e as solas dos pés repousem no solo. Coloque uma mão de cada lado da cabeça, com os cotovelos apontando para cima e as palmas e os dedos repousando no chão. Em seguida, suportando o peso do corpo nas mãos e nos pés, levante os quadris e o abdome até onde puder, de modo que o corpo inteiro descreva um arco, em que apenas as mãos e os pés tocam o solo (Gravura 25). Mantenha o corpo tão imóvel quanto possível. Mãos e pés se apóiam solidamente no chão e permanecem firmes nessa posição. Erga ao máximo as costas, para que o corpo imite a forma do aro de uma roda. Encha os pulmões de ar antes de erguer o corpo. Continue a respirar profundamente durante a postura. Torne a encher os pulmões de ar antes de voltar lentamente ao solo, no fim do exercício. Depois de deitar-se no chão, a respiração profunda continua por mais alguns segundos. Os olhos tanto podem ficar abertos quanto fechados.

Benefícios: Essa postura mantém a espinha jovem e flexível até na velhice. Ajuda o praticante a conservar a flexibilidade e a ligeireza de todos os músculos dorsais e ventrais. Os iogues prescrevem-na para acentuar a visão, e dar maior riqueza e clareza à voz. Afirma-se também que ela tonifica os gânglios linfáticos e resolve inflamações. Melhora a textura e a aparência da pele. Proporciona alívio em casos de prisão de ventre, flatulência, náuseas e asma. Elimina sensações desagradáveis (de alfinetadas, agulhadas, queimadura, fraqueza, aguilhoadas, debilidade geral, rigidez e anorexia, ou falta de apetite). Tonifica os nervos que servem os órgãos da visão, da audição, do olfato e do gosto. Também ativa a circulação do cérebro, contribuindo, assim, para estimular a inteligência e a vivacidade.

26. VRIKSHÁSANA — POSE DA ÁRVORE

Postura: Fique em posição erecta, erga os braços acima da cabeça, as pontas dos polegares estendidos tocando-se. Agora erga os calcanhares conservando todo o seu peso sobre os dedos dos pés. Estique o corpo na direção do céu, o mais alto possível. Mantenha-se firmemente nessa pose, conserve os olhos abertos e continue a respirar profundamente. Na conclusão do exercício, abaixe devagar os calcanhares e deixe que os braços venham colocar-se ao lado do corpo.

Benefícios: Este exercício faz o efeito de uma leve tração sobre a espinha. Tonifica os dedos e as solas dos pés, estirando os músculos e estimulando a circulação. Os iogues também lhe recomendam o emprego em casos de nervosismo, debilidade e dores no peito e nos lados. Acredita-se que, iniciado cedo, o exercício favorece o crescimento de crianças e adolescentes.

27. MAYURIÁSANA — POSE DO PAVÃO

Postura: Ajoelhe-se com os joelhos separados, de modo que as palmas das mãos toquem o chão no centro do espaço entre eles. Em seguida, incline-se para a frente, mantendo as palmas das mãos no solo e unindo os cotovelos, que proporcionarão apoio para o abdome. Depois, equilibrando o peso do corpo sobre os antebraços, enquanto as palmas permanecem no chão e os cotovelos recebem o peso do corpo, atire para trás as pernas e os joelhos, para que todo o corpo se estenda paralelo ao chão, ficando as palmas das mãos como as únicas partes do corpo em contato com o chão. Nessa posição, encolha as pernas, cruzando-as como se executasse a Pose do Lótus (Padmásana, que se vê na Gravura 2).

Esta é uma pose dificílima e o praticante leva tempo para conseguir realizá-la. Foi a única postura (excetuando-se a Purna Matsyendrásana) que a Srta. Herman não conseguiu executar corretamente (veja a gravura na página oposta).

Benefícios: A prática desta postura, associada a uma dieta correta, leve e saudável, melhora o funcionamento de todos os órgãos abdominais da digestão e da eliminação — isto é, fígado, baço, rins, estômago, intestinos e bexiga.

Um médico ligado a um dos maiores hospitais de Bombaim exercitou-se na sua prática e, segundo afirma, a postura ajudou-o a livrar-se de "uma dor crônica e cacete nas costelas e na coluna vertebral".

Não se recomenda em casos de diarréia, disenteria, pressão alta, epilepsia, moléstias dos olhos, bronquite e desmaios. Considera-se particularmente recomendável às mulheres que têm o útero frouxo e aos homens cujos tecidos reprodutivos são fracos.

28. SURYA NAMASKARA — POSES DE OBEDIÊNCIA AO SOL, 1, 2 e 3

O Surya Namaskara é um conjunto especial de exercícios associados, que constituem a antiga saudação hindu ao Sol depois das abluções matutinas e do banho. Escolhi apenas três posturas da série — e cada uma delas tem uma relação especial com as dores nas costas.

Postura 1: Fique em pé, diante do Sol nascente. Erga os braços, conservando-os numa linha reta com o corpo, mantenha-os firmemente nessa posição e conserve as pernas direitas, sem dobrar os joelhos. Incline todo o corpo acima da cintura para trás, o mais que puder. Aspire profundamente enquanto se inclina (veja Gravura 28). Continue a respirar profundamente. Para concluir a postura, encha os pulmões com uma respiração profunda e volte devagar à posição inicial. Conserve os olhos abertos, mas execute o exercício antes que a luz solar se torne tão forte que o ofusque.

Postura 2: Agache-se sobre o pé esquerdo, esticando toda a perna direita para trás. Coloque as palmas das mãos no chão. Mantenha os braços retos e não dobre os cotovelos. Conserve o calcanhar do pé esquerdo erguido, de modo que fique em contato com o quadril esquerdo. Flexione a cabeça para trás o mais que puder. Permaneça firme nessa pose, mantendo os olhos abertos e respirando lenta e profundamente (veja Gravura 29). Respire fundo, leve a perna direita para a frente, colocando o pé direito ao lado do esquerdo e termine a pose. Inverta a postura.

Postura 3: Sente-se primeiro na postura 2, acima descrita. Em seguida, levante as duas mãos do chão, erga-as bem alto acima da cabeça, sem dobrar os cotovelos. O resto do corpo abaixo da cintura permanece exatamente na posição mostrada na segunda postura. Incline o corpo acima dos joelhos para trás, o mais que puder e mantenha os braços em linha reta com o tronco (veja a Gravura 30). Continue respirando vagarosa e profundamente. Endireite o corpo com uma respiração profunda e termine a pose como na postura 2.

Benefícios: Atribui-se grande significação religiosa e espiritual ao Surya Namaskara em virtude da sua secular associação com a adoração do Sol matutino. As três posturas aqui descritas ajudam a curar as dores da área espinhal e neutralizam os efeitos deletérios das curvaturas prolongadas a que são obrigados os trabalhadores, as donas de casa, os datilógrafos, os empregados de escritório, etc. O Surya Namaskara dissolve o tecido adiposo não só do abdome e das costas, mas também de todas as partes do corpo, beneficiando praticamente todos os tecidos, incluindo nervos, tendões, ligamentos, músculos, vasos sangüíneos e várias glândulas e vísceras. Convencionou-se que o Surya Namaskara só deve ser executado de manhã, no momento em que o Sol está nascendo.

31. PRANAIAMA — RESPIRAÇÃO IOGUE

O Pranaiama deve ser executado depois que você tiver completado a rotina dos ásanas. Sente-se erecto, mas descontraído, na Pose do Lótus (Padmásana). Se não se sentir confortável e não puder descontrair-se nessa pose, adote a Pose Fácil (Sukhásana). Sentado, complete uma série de 25 respirações iogues de 4 unidades, na seguinte ordem:

Respiração pela narina direita: Feche a narina esquerda com o dedo mínimo da mão direita e faça cinco respirações iogues com a narina direita — isto é, aspire (Puraka), faça uma pausa (Kumbhaka), expire (Rechaka) e faça uma pausa (Shunyaka). Repita quatro vezes.

Respiração pela narina esquerda: Tire o dedo da narina esquerda e feche a narina direita com o polegar direito. Faça cinco respirações iogues de 4 unidades cada uma pela narina esquerda.

Respiração alternada 1: Aspire (Puraka) pela narina direita, mantendo a narina esquerda fechada com o dedo mínimo, faça uma pausa (Kumbhaka), feche a narina direita com o polegar direito, expire pela narina esquerda (Rechaka), e faça uma pausa (Shunyaka). Repita mais quatro vezes (Figura 12).

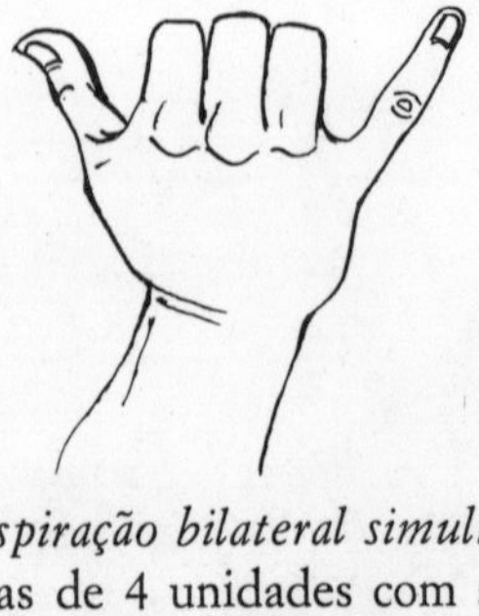

Fig. 12 Posição da mão direita para fechar a narina esquerda com o dedo mínimo e a narina direita com o polegar.

Respiração bilateral simultânea: Faça cinco respirações iogues completas de 4 unidades com as duas narinas abertas. Enquanto estiver fazendo isso, o dorso das mãos deve estar descansando nos joelhos, com as pontas do polegar e do indicador de cada mão encostadas para formar um círculo, permanecendo os outros dedos inteiramente esticados.

32. SHAVÁSANA — POSE DA TRANQÜILIDADE

Postura: Deite-se de costas, com os braços junto do corpo. Descontraia-se completamente de modo que, se alguém erguer o seu braço ou a sua perna, eles caiam, como se não tivessem vida. Nenhuma parte do corpo deve fazer o menor movimento e, não obstante, nenhuma espécie de tensão deve permanecer em nenhuma parte do corpo. Deixe completamente de lado todos os problemas da sua vida e, se você não tiver coisa melhor em que se concentrar, fique atento à respiração, que deve ser profunda, lenta e fácil.

Benefícios: Essa postura tem sido recomendada com êxito por um eminente cardiologista hindu de *status* internacional aos seus pacientes que convalescem de moléstias do coração. Os resultados têm sido excelentes. Os que executaram o Shavásana com regularidade recuperaram a saúde mais rápida e completamente. Essa postura deve ser adotada sempre que você estiver tenso ou ansioso, seja a tensão física ou mental. Se o paciente conseguir alhear-se suficientemente enquanto estiver nessa pose, a sua sensação de relaxamento será muito superior à que poderá experimentar com o uso de quaisquer tranqüilizantes e sedativos.

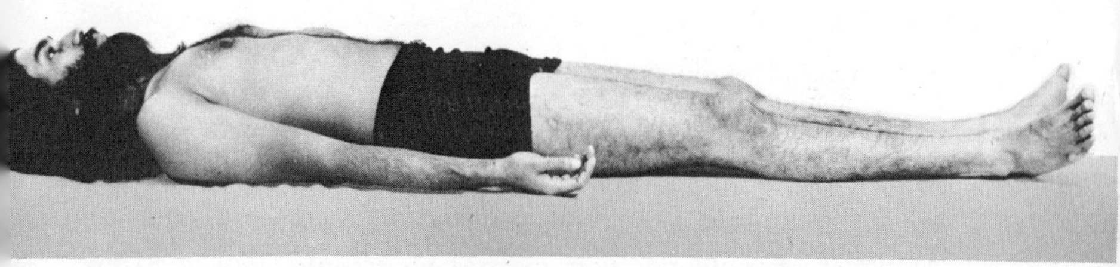

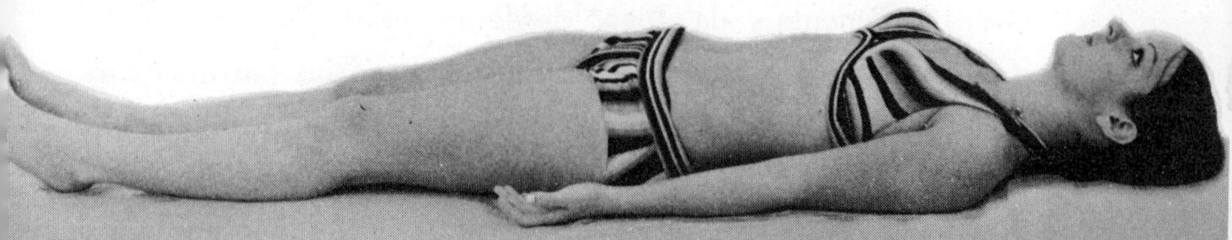

Leia também

IOGA E SAÚDE

Selvarajan Yesudian e Elisabeth Haich

Este manual se destina principalmente àqueles que, não podendo freqüentar uma escola especializada de ginástica iogue, desejem não obstante praticá-la por si mesmos, em casa, para auferir os muitos benefícios que ela pode comprovadamente propiciar. Escrito por dois mestres no assunto, IOGA E SAÚDE já foi publicado em diversos idiomas — húngaro, alemão, inglês, francês, italiano e espanhol —, obtendo sempre o maior sucesso, dada a forma simples, idônea e eminentemente prática com que alcança iniciar o leigo nos princípios e exercícios fundamentais da Ioga, desde as práticas respiratórias, que constituem a base do sistema, até as várias posturas corporais que servem para ativar e regularizar o funcionamento dos vários órgãos. O volume traz numerosas fotografias dos exercícios, o que facilita a sua correta execução pelo aprendiz.